Dzikowski/Vogel
Störungen der sensorischen Integration
bei autistischen Kindern

1/91
32:

Stefan Dzikowski/Cordula Vogel

Störungen der sensorischen Integration bei autistischen Kindern

Probleme von Diagnose, Therapie
und Erfolgskontrolle

Mit einem Vorwort von Christian Marzahn

Deutscher Studien Verlag · Weinheim 1988

Ausgezeichnet mit dem »Bremer Studienpreis« 1987 für besonders hervorragende
wissenschaftliche Leistungen auf dem Gebiet der Sozial- und Geisteswissenschaften

CIP-Titelaufnahme der Deutschen Bibliothek

Dzikowski, Stefan:
Störungen der sensorischen Integration bei autistischen
Kindern : Probleme von Diagnose, Therapie u. Erfolgskontrolle
/ Stefan Dzikowski ; Cordula Vogel. Mit e. Vorw. von
Christian Marzahn. – Weinheim : Deutscher Studien Verlag, 1988
ISBN 3-89271-057-0
NE: Vogel, Cordula:

© 1988 Deutscher Studien Verlag, Weinheim
Seriengestaltung des Umschlags: Atelier Warminski, 6470 Büdingen 8
Herstellung: Desktop Publishing Klaus Kaltenberg, 6940 Weinheim
Druck und buchbinderische Verarbeitung: Druckhaus Beltz, 6944 Hemsbach
Printed in Germany

ISBN 3 89271 057 0

Inhaltsverzeichnis

Vorwort von Prof. Dr. Christian Marzahn 7

Einleitung 10

1. Autismus 12
1.1 Historischer Überblick 12
1.2 Das Krankheitsbild 13
1.3 Die Diagnose 13
1.4 Zur Ätiologie 14
1.5 Behandlungsmethoden und therapeutische Konzepte 15

2. Sensorische Integration nach Ayres 18
2.1 Funktionsniveaus der Hirnareale 18
2.2 Der Integrationsprozeß 20
2.3 Die Southern California Sensory Integration Tests 21
2.4 Therapie sensorischer Integrationsstörungen 21
2.5 Sensorische Integrationstherapie bei autistischen Kindern
    nach A. J. Ayres 23

3. Sensorische Integrationstherapie bei autistischen Kindern 25
3.1 Autismus – eine Wahrnehmungsverarbeitungsstörung 25
3.2 Aspekte der Wahrnehmungsverarbeitungsstörung 27
3.3 Sensorische Integration als Wahrnehmungsverarbeitung 29
3.4 Zusammenfassung unserer Vorüberlegungen – 5 Thesen 31

4. Aufbau unserer Untersuchung 33
4.1 Die Ambulanz für autistische Kinder 33
4.2 Auswahl der Kinder 35
4.3 Die Diagnosephase 35
4.4 Die Therapiephase 36
4.5 Die Dokumentation unserer Untersuchung 36

5. Die Kinder – Sechs Falldarstellungen 38
5.1 Susanna 38
5.2 Sebastian 52
5.3 Corinna 64
5.4 Lothar 72
5.5 Natalie 82
5.6 Katharina 94
5.7 Sabine 104

6. Probleme von Diagnose, Therapie und Erfolgskontrolle 105
6.1 Probleme der Diagnose 105
6.2 Probleme der Therapie 107
6.3 Probleme der Erfolgskontrolle 111

7. Ergebnisse unserer Untersuchung 113

Anmerkungen 117
Literaturverzeichnis 122
Anhang.. 130

Vorwort

»Wenn man einem Kind zuschauen muß, das sich unentwegt in die eigene Hand beißt, das wie hypnotisiert einen Aschenbecher rotieren läßt, das stundenlang ein Staubkorn anstarrt oder wie ein verwundetes Tier aufschreit, sobald sich ihm jemand nähert, das stundenlang mit den Händen sein Gesicht beklatscht oder das sich mit seinem eigenen Kot den Körper beschmiert – und all dies mit einem leeren Blick in den Augen –, da kann man es mit der Angst zu tun bekommen. Das ist das autistische Kind.«

Diese eindrucksvolle Schilderung steht am Anfang einer neueren Untersuchung über das autistische Kind (C.H. Delacato: Der unheimliche Fremdling. Freiburg 1975). Sie verweist auf die sonderbaren Verhaltensweisen dieser Kinder, aber auch auf die Beunruhigung, ja Angst, die dieses Verhalten bei uns selbst auslöst. Beunruhigend ist das autistische Verhalten nicht nur, weil es von den üblichen Verhaltensnormen abweicht. Beunruhigend ist es, weil sich die Abweichung in diesem Fall so schwer erklären läßt.

Vieles deutet darauf hin, daß der kindliche Autismus nicht erst eine Erscheinung des 20. Jahrhunderts ist. Vermutlich wurde er lange Zeit unter die verschiedenen Erscheinungsformen der »wilden Kinder«, der Elfen- und Wolfskinder gezählt oder aber unter den allgemeinen Irrsinn. Erst vor knapp fünfzig Jahren wurde er erstmals als ein abgrenzbares psychopathologisches Syndrom erfaßt. Diese »Entdeckung« vollzog sich interessanterweise fast gleichzeitig an unterschiedlichen Orten und unabhängig voneinander: 1932 ff. am »Paedagogisch Instituut« in Nijmegen (Niederlande), 1943 durch Leo Kanner in Baltimore (USA) und 1944 an der medizinischen Fakultät der Universität Wien durch Hans Asperger.

Heute sind die Arbeitsberichte, Forschungsergebnisse und Diskussionsbeiträge, die auf internationaler Ebene aus biologischer, medizinischer, psychologischer und erziehungswissenschaftlicher Sicht zum Thema Autismus erschienen sind, kaum mehr zu überschauen. Auch herrscht unter ihnen keinerlei Einigkeit darüber, was Autismus sei: weder in der Terminologie, noch über die Diagnostik, Aitiologie und Therapie.

Diese Situation wird auch die vorliegende Untersuchung nicht im Grundsatz verändern können. Ihr Ansatzpunkt ist bescheidener; darin liegt aber, wie mir scheint, zugleich ihr besonderer Ertrag. Sie fragt, ob die »Sensorisch-integrative Therapie«, die die Beschäftigungstherapeutin A. Jean Ayres in den 70er Jahren in den Vereinigten Staaten für Kinder mit Lernstörungen entwickelt hatte, auch für das autistische Syndrom bedeutsam sein könnte. Dafür spricht zunächst, daß dieser Ansatz, nachdem er 1979 unter dem Titel »Lernstörungen« im deutschsprachigen Raum bekannt geworden war, besonders die Aufmerksamkeit der Praktiker erregte, die sich von dieser Methode Anregungen und Hilfen für ihren alltäglichen Umgang mit den autistischen Kindern erhofften.

Nicht so reibungslos vollzog oder vollzieht sich die Rezeption dieses Ansatzes auf der theoretischen Ebene, obwohl die Annahme keineswegs von der Hand zu weisen ist, daß sich das autistische Syndrom sehr fruchtbar als eine Störung der Wahrnehmungsverarbeitung, als ein Mißlingen der sensumotorischen Integration verstehen läßt. Aus dieser Annahme folgt, daß die Lernstörungen, die für autistische Kinder spezifisch sind, durch ein besonderes Stimulations- und Integrations-Training gemildert oder behoben werden können.

Aus dieser These entwickeln die beiden Verfasser das Diagnoseinstrumentarium, das Therapieprogramm und die Instrumente der Erfolgskontrolle, mit deren Hilfe sie im Verlauf des Jahres 1985 ihre eigene Untersuchung in der »Ambulanz für autistische Kinder« in Bremen durchführen konnten. Den Kern dieser Untersuchung bilden sieben anschauliche Falldarstellungen – ein Zugang, der in der Autismusforschung von Kanner (1943) über Freye (1968) bis heute eine gute Tradition hat. Die Falldarstellungen enthalten die bisherige Krankheitsgeschichte der Kinder, den diagnostischen Befund hinsichtlich einer sensorischen Integrationsstörung, das jeweils besondere Therapieprogramm und die Auswertung des erzielten Erfolgs. Dieser Behandlungserfolg ist zwar bei den einzelnen Kindern unterschiedlich ausgeprägt, insgesamt aber doch überraschend deutlich, so daß die Verfasser dies als eine Bestätigung ihrer an A. J. Ayres angelehnten Ausgangsthese werten können. Die Behandlung sensorischer Integrationsstörungen, so lautet dementsprechend das Hauptergebnis der hier vorgelegten Untersuchung, ist in der Tat ein sinnvoller Teil der Autismustherapie und verbessert die Lernfähigkeit dieser Kinder auch in anderen Bereichen.

Die Verfasser haben es nicht unterlassen, die Ergebnisse ihrer Untersuchung selbstkritisch abzuklopfen. Sie weisen darauf hin, daß die Erfolgskontrolle mangels geeigneter Verfahren nicht quantifiziert, sondern in qualitativer Bewertung erfolgte. Sie diskutieren die institutionellen und individuellen Dimensionen, die die Ergebnisse beeinflußt haben könnten. Und sie verhehlen nicht ihre eigenen Unsicherheiten in der Deutung und Bewertung von Befunden, mit denen sie sich – trotz der zum Teil langjährigen praktischen Arbeit mit autistischen Kindern – im Verlauf der Untersuchung immer wieder konfrontiert sahen.

So verbindet die vorliegende Arbeit eine Einführung in die Autismus-Forschung und besonders in das Konzept der sensorischen Integration nach A. J. Ayres mit sehr anschaulichen Falldarstellungen autistischer Krankheits- und Lerngeschichten und der Entwicklung eines praktischen Therapieprogramms. Die gute theoretische Fundierung bewahrt dieses Programm vor falschen Vereinfachungen; seine Nähe zur Praxis macht es für diese anregend. Dieser doppelte Brückenschlag zwischen Theorie und Praxis und zwischen den Wissenschaftsdisziplinen der Psychologie, der Sozialpädagogik und der Behindertenpädagogik war dann auch der Grund, daß diese Untersuchung, die im Frühjahr 1986 im Studiengang Sozialpädagogik der Universität Bremen als Diplomarbeit vorgelegt wurde, von der »Gesellschaft der Freunde der Universität Bremen e.V.« 1987 mit dem »Bremer Studienpreis für besonders hervorragende wissenschaftliche Leistungen auf dem Gebiet der Sozial- und Geisteswissenschaften« ausgezeichnet wurde.

Ich wünsche dem Buch eine lebhafte Aufnahme ebenso in der Fachliteratur wie in der Praxis, damit wir dem Ziel, autistischen Kindern eine umfassende Teilnahme am gesellschaftlichen Leben zu ermöglichen, wieder einen kleinen Schritt näher kommen.

Bremen, den 17. September 1987
Christian Marzahn

Einleitung

Die amerikanische Beschäftigungstherapeutin A. J. Ayres veröffentlichte ihr Hauptwerk »Sensory Integration and Learning Disorders« unter dem Titel: »Lernstörungen« 1979 in deutscher Übersetzung. Obwohl die dort beschriebene Theorie – wie wir schmunzelnden Kommentaren von Fachleuten entnehmen – in einschlägigen Kreisen als eine Art »Orchideentheorie« gehandelt wird (1), verbreiteten sich Ayres' Ideen unter den pädagogisch Tätigen schnell. Die Behandlung sensorischer Integrationsstörungen nach Ayres hat in den vergangenen Monaten einen ungeahnten Boom erlebt. Zahlreiche Praktiker versprechen sich von dieser Methode die Lösung einer Reihe von Problemen im täglichen Umgang mit Behinderten. Leider sind aber – soweit uns bekannt – bisher wenig Arbeiten erschienen, die durch ihre realistische Darstellung der Erfolge ungerechtfertigte Euphorie dämpfen könnten oder die zumindest eine kritische Auseinandersetzung mit Ayres' Theorie zum Thema haben. Wir nehmen daher diese Lücke zum Anlaß, die Probleme von Diagnose und Therapie sowie die Effektivität einer Behandlung nach Ayres zu beschreiben und zu dokumentieren.

Die Idee, Ayres' Konzept auf seine Relevanz für die eigene praktische Tätigkeit zu überprüfen und dabei sensorisch-integrative Dysfunktionen – als Wahrnehmungsverarbeitungsstörung interpretiert – mit der Behinderung Autismus zu verknüpfen, entstand anläßlich des »12. internationalen und interdisziplinären Herbst-Seminar-Kongresses für Sozialpädiatrie in Brixen/Südtirol« im August 1984. Dort nahm der Verfasser eine Woche lang an einem Spezialseminar mit dem Thema »Diagnostik und Therapie nach Jean Ayres« teil. Aber auch aus der praktischen Arbeit in der »Ambulanz für autistische Kinder« in Bremen heraus entstand der Wunsch und die Notwendigkeit, systematisch die theoretischen Ansätze, welche bisweilen den »pädagogischen Markt« überfluten, zu sammeln, abzugrenzen und auf eigene Erfahrungsmuster zu reflektieren. Einer dieser Ansätze ist der von Ayres. So besteht ein wesentlicher Teil dieser Arbeit im Miteinander-Handeln zwischen den Verfassern und den autistischen Kindern. Viele Therapie- und Spielstunden, ungezählte Gespräche mit Eltern, Betreuern und

Kollegen waren nötig, um dieses Buch überhaupt entstehen zu lassen. Dabei zeigte es sich immer deutlicher, wie wichtig und sinnvoll es ist, eine sensorische Integrationsbehandlung in die Therapie autistischer Kinder mit einzubeziehen.

Mit seiner Erstveröffentlichung zum Thema »Autismus« vor 43 Jahren machte Leo Kanner erstmals auf diese Behinderungsart aufmerksam. Seitdem haben zahllose Ärzte, Psychologen, Pädagogen und Vertreter anderer Fachrichtungen versucht, durch ihren Beitrag ein wenig zur (Er-)Klärung des immer noch im dunkeln liegenden Phänomens »Autismus« beizutragen.

Wir können und wollen in dieser Arbeit die unterschiedlichen Herangehensweisen an das autistische Syndrom nicht umfassend darstellen oder diskutieren. Allerdings folgen wir zu Beginn unseres theoretischen Teils der langjährigen Tradition, in einer Veröffentlichung zu diesem Thema kurz die grundlegenden Werke, herausragende Persönlichkeiten und besonders interessante Erklärungs- und Therapiemodelle zu erwähnen und sie zueinander in Beziehung zu setzen.

Wir verzichten bewußt auf die Darstellung und Diskussion von Problemen, die bei Diagnostik, therapeutischer Intervention und Kontrolle der angestrebten Ziele im allgemeinen auftreten können. Veröffentlichungen zu diesen Komplexen gibt es bereits in großer Anzahl. Die Begründung für die Verknüpfung von »Autismus« und »sensorisch integrativen Dysfunktionen« geben wir im letzten Abschnitt unseres Theorieteils.

Im empirischen Teil dokumentieren wir unsere Arbeit mit den autistischen Kindern. Wir haben uns um eine lebendige Schilderung und allgemeine, gute Verständlichkeit der Diagnose- und Therapieverläufe bemüht. Das führte bisweilen dazu, daß wir Kompromisse in bezug auf Systematik und Übersichtlichkeit schließen mußten. Wir halten diese Vorgehensweise jedoch hinsichtlich der Nutzbarkeit unserer Ergebnisse für in der pädagogischen Realität Tätige für geboten.

Bremen, September 1987
Stefan Dzikowski
Cordula Vogel

1. Autismus

1.1 Historischer Überblick

Das Wort »Autismus« ist abgeleitet von dem griechischen Wort »autos« (selbst) und wurde 1911 erstmals von Bleuler (2) eingeführt als Kennzeichnung eines der Grundsymptome der Schizophrenie. Er beschreibt damit die *»Loslösung von der Wirklichkeit zusammen mit dem relativen und absoluten Überwiegen des Binnenlebens«*(3) gegenüber der Wirklichkeit.

Leo Kanner, damals Direktor der Child-Psychiatric-Klinik am John-Hopkins-Hospital in Baltimore, USA, prägte 1943 den Begriff des »early infantile autism« (4), um die autistischen Kinder von der großen unspezifischen Gruppe der kindlichen Schizophrenie abzugrenzen. Ungefähr zur gleichen Zeit erforschte Asperger in Österreich eine Gruppe von Kindern mit gleicher Symptomatik, die er 1944 als »autistische Psychopathen« (5) bezeichnete.

Autismus ist keine Zivilisationskrankheit, kein Produkt unserer modernen Gesellschaft. Die sogenannten Elfenkinder (6) und Wolfskinder (7), bei deren Beschreibungen (8) die autistischen Symptome klar zutage treten, zeigen, daß es Autismus schon gab, lange bevor die Krankheit einen Namen bekam.

Im Gegensatz zur internationalen Forschung, die nach Kanner (s.o.) stark angewachsen ist, beschäftigt sich die deutsche Forschung erst relativ spät mit dem Autismus. So erscheint der erste deutsche Beitrag 1955 von Popella (9) und 1965 wird eine umfassende Reflexion der internationalen, vor allem angelsächsischen Literatur zum Thema Autismus veröffentlicht (10). Bis heute ist der Stand der deutschen Forschung im Vergleich zur internationalen (11) stark zurückgeblieben, und deutsche Experten berufen sich stets auf Forschungsergebnisse aus anderen Ländern, besonders aus den Vereinigten Staaten von Amerika.

1.2 Das Krankheitsbild

Seit der »Entdeckung« und Erstbeschreibung autistischer Kinder gibt es eine Vielzahl von Forschern und Wissenschaftlern, von Psychologen und Pädagogen, die sich des Phänomens »Autismus« angenommen haben. So sehr die Theorien zur Ursachenklärung auseinanderklaffen (siehe 1.4), liegen die Beschreibungen des autistischen Erscheinungsbildes beisammen.

Bereits Asperger (1965) beschreibt einen ungewöhnlichen Gebrauch der Sprache, körperliche Eigenheiten und Ausdruckserscheinungen sowie Benehmensschwierigkeiten, unter denen er fehlende Imitationsfähigkeit, Stereotypien, Gefühlsgestörtheit u.a. subsumiert. Die Beschreibung der autistischen Symptomatik ist im Laufe der Jahre nicht wesentlich verändert, wohl aber präziser und detaillierter formuliert worden. So finden sich bei vielen Autoren (12) z.T. eindrucksvolle Schilderungen des autistischen Zustandsbildes.

Sammeck (1973) faßt in einer Literaturbearbeitung einen Großteil der europäischen und anglo-amerikanischen Arbeiten zusammen und stellt dabei fest, daß die Anwendung der Kannerschen diagnostischen Kriterien auch heute noch (1973) sinnvoll ist.

1.3 Die Diagnose

Für die Praxis setzen sich seit den siebziger Jahren mehr und mehr vom Bundesverband (13) herausgegebene sogenannte Merkmalslisten zur Summationsdiagnose durch (14). Die zumeist sechzig Einzelmerkmale kommen auch bei anderen Krankheiten und Verhaltensstörungen vor. Erst die Summierung bestimmter Merkmale führt zur Diagnose »FrühkindlicherAutismus«, wobei zu bemerken ist, daß einige der in diesen Listen aufgeführten Merkmale sich gegenseitig ausschließen bzw. nicht alle Symptome gleichzeitig nebeneinander vorhanden sein müssen (15). Die Einzelmerkmale sind nach folgenden Oberbegriffen geordnet:

1) Wahrnehmung (15 Merkmale)
2) Sprache (21 Merkmale)
3) Motorische Kontrolle und autonome Funktionen (15 Merkmale)
4) Sekundäre Verhaltensprobleme (15 Merkmale)
5) Spezielle Fertigkeiten (3 Merkmale)

Innerhalb der Bundesrepublik Deutschland finden diese Merkmalslisten bei den dem Bundesverband angeschlossenen Organisationen Anwendung. Im internationalen Vergleich gibt es heute immer noch große Probleme in der Übereinstimmung. Die Weltgesundheitsorganisation (WHO) arbeitet zur Zeit noch an internationalen Kriterien (16). Bisher ist ein Vergleich von Untersuchungen daher nicht immer möglich.

1.4 Zur Ätiologie

Über die Ursachen des »Frühkindlichen Autismus« liegen bis heute keine gesicherten Erkenntnisse vor.

Sammeck bearbeitete 1973 eine Auswahl (781 Titel) aus dem Angebot von Autismusliteratur. Seit dieser Zeit dürfte die Zahl der Veröffentlichungen noch einmal sprunghaft angestiegen sein und damit in die Tausende gehen. Dementsprechend gibt es auch keine einheitliche Beurteilung ätiologischer Gesichtspunkte. Vielmehr scheint jeder Autor seine eigene »Verursachungstheorie« zu haben. Damit einher gehen zahllose therapeutische Ansätze und Konzepte (17). Wir diskutieren im Rahmen dieser Arbeit nicht die verschiedenen Erklärungsansätze, sondern zählen nur einige wenige, uns wichtig erscheinende auf.

So beschreibt van Krevelen (1960, 1963) (18) im Sinne Aspergers (1965) den »Autismus infantum« als eine vererbte Charakterstörung (autistische Psychopathie). Der gleichen Meinung ist auch Nissen (1978), allerdings verlagert er den Schwerpunkt stark auf biogenetische Faktoren bei der Entstehung des Autismus. Einen mehr psychogenetischen Ansatz verfolgen Kanner und Eisenberg (19), bei dem vor allem die Mutter des autistischen Kindes eine zentrale Rolle einnimmt.

Ähnlich wichtig, allerdings von der Psychoanalyse aus gesehen, nehmen Bettelheim (1970, 1977), Schmauch (1978) und Mahler (1972) (20) die familiären Verhältnisse und die frühkindliche Entwicklung. Die Autoren vertreten die Auffassung eines bewußt-unbewußten, in jedem Fall vom Kind ausgehenden Rückzugs aus der feindlichen Umwelt.

Dorby (1976) (21) geht nach Autopsien von einer Störung des zerebralen Fettstoffwechsels sowie einer Verletzung des limbischen Systems aus. Panksepp (1979) (22) dagegen weist eine endogene Überaktivität des Systems körpereigener Opiate nach. Rimland (23) schreibt 1964 vom Autismus als einem Äquivalent einer Homozygote für hohe Intelligenz mit starker Verletzbarkeit durch verschiedene Noxen während Schwangerschaft und Geburt und verweist dann 1965 auf eine Fehlfunktion des retikulären Systems.

Den ethologischen Ansatz vertreten Hutt (1978) und Tinbergen/Tinbergen (1972, 1984). Sie interpretieren Stereotypien als Übersprungshandlun-

14

gen (wie sie aus der Tierverhaltensforschung bekannt sind) und legen dem Autismus einen primären Triebkonflikt zugrunde.

Von einer Hirnverletzung geht Delacato (1975) aus. Ihm folgen, allerdings wiederum in individuell abgewandelter Form, Ornitz (1974) mit Untersuchungen zur Modulation sensorischen Inputs und motorischen Outputs sowie zum postrotatorischen Nystagmus, weiterhin Kiphard (1973), der den Schwerpunkt mehr auf die gestörten sensomotorischen Prozesse legt, Blackstock (1978), der umfangreiche Untersuchungen zur Hemisphärendominanz vornahm sowie Augustin (1983, 1985), Ayres (1979, 1984) und Flehmig (1983, 1985), die die Ursachen für den Autismus in einer sensorisch-integrativen Dysfunktion sehen.

Sievers (1982) geht mit ihrer Hypothese von der Insuffizienz der informellen Akkomodation von einer gänzlich anderen Seite an das Problem heran (24).

1.5 Behandlungsmethoden und therapeutische Konzepte

So zahlreich wie die Ansätze zur Ursachenklärung des Frühkindlichen Autismus, so zahlreich sind die Behandlungs- und Heilungsversuche. Wir werden im Rahmen dieser Arbeit nur eine kleine Übersicht, mehr deskriptiv als reflektorisch, geben.

Als erstes fallen besondere Heilerfolge auf: Axline (1980) beschreibt eindrucksvoll »die wunderbare Entfaltung des menschlichen Wesens« Dibs. Auch Lane (1984) gibt »ein Zeugnis für die schier unglaubliche Kraft des Menschen, Leid durch Verständnis und Liebe zu überwinden«, ab. Beschreibungen solcher Art sind selten, und es bleibt zu fragen, ob die »Heilung« tatsächlich in dieser Weise stattgefunden hat. Bettelheim (1977) beschreibt in seinem Werk »Die Geburt des Selbst« die erfolgreiche Therapie autistischer Kinder. Auf der Grundlage der Theorien der Psychoanalyse versucht er, den Kindern im Alltag und auch in therapeutischen Interaktionen Möglichkeiten zu verschaffen, ihre Panzerungen aufzugeben und sich der Welt wieder zu öffnen. Auch O'Gorman (1976) empfiehlt Psychotherapie, ebenso wie Elektroschocks, Medikamente, Mutterersatzfiguren und – zur Sprecherziehung – Festhaltetherapie (25).

Bereits Asperger (1965) forderte für autistische Kinder eine ganz spezielle Förderung: Der Therapeut darf sich nicht zu Emotionen hinreißen lassen (»Arbeiten mit abgestelltem Affekt«), es muß genaue Stundenpläne geben, die Kinder erhalten Einzelunterricht, der Stoff wird in Einzellernschritte zergliedert. Diese Methode wurde in den siebziger Jahren von Cordes und Wilker (26) im Rahmen des sogenannten BREMER PROJEKTS weiterentwickelt und erfolgreich angewendet. Dabei machten sie sich vor allem die Erkenntnisse von Frith (unter anderem 1973), Hermelin (unter anderem 1978), Wing (unter anderem 1976) und Gottwald/Redlin (1975) zunutze. Unter Einbeziehung verhaltensmodifikatorischer Mechanismen bauten sie die erste Schule für autistische Kinder in Deutschland auf (26). Erweiterte bzw. neue Ansätze in der Verhaltensmodifikation autistischer Kinder beschreiben Loeben-Sprengel et al. (1981) und Bernard-Opitz (1985).

Neurophysiologische und neuropsychologische Erkenntnisse werden in die therapeutischen Konzepte von Ayres (1972, 1979, 1984) und Flehmig (1983, 1985) mit einbezogen. Etwas modifiziert und an einer speziellen Berufsgruppe (27) orientiert arbeiten Augustin (1983, 1985) und Miske-Flemming (1978). Sie verwenden ebenso wie Giroud (1978) und Kiphard (1973) motorische Übungen zum Training sensomotorischer sowie sensorisch-integrativer Prozesse.

Erkenntnisse aus seiner Arbeit mit hirnverletzten Kindern verwendet Delacato (1975). Er unterteilt die Symptome der Autisten in drei Gruppen: die Hyperaktiven, die Hypoaktiven und diejenigen mit einem »weißen Geräusch«. Er prüft die Aktivität eines Kindes in jedem einzelnen Sinneskanal und baut anschließend Aktivitäten auf oder ab.

Kehrer (1978), Martinius (1985) und August (1985) beschreiben – neben vielen anderen Autoren – die Möglichkeiten medikamentöser Behandlung des autistischen Syndroms. Aber die Behandlung sowohl mit Megavitaminen als auch mit Fenfluramin bringt nur teilweise Erfolge und ist umstritten.

Eine gänzlich andere Richtung der therapeutischen Förderung autistischer Kinder brachte Feuser (1979, 1980) in die Diskussion. Ihm ging es neben einem recht breit angelegten, gesellschaftlich orientierten Modell vor allem um die Frage der Integration. Ende der siebziger/Anfang der achtziger Jahre entspann sich in diesem Zusammenhang eine Auseinandersetzung vor allem zwischen Feuser und Cordes.

Neben den oben genannten Behandlungskonzeptionen gibt es gerade in neuerer Zeit einige zum Teil unveröffentlichte Ansätze. Hier sind die »Modifizierte Festhaltetherapie« nach Rohmann (1984), das »Aufmerksamkeits-Interaktionstraining« nach Hartmann sowie die »Musik-Körpererfahrungs-Therapie« nach Facion (28) zu erwähnen.

Unklar ist zur Zeit auch die Bedeutung der sogenannten »Tomatis-Therapie« (29) und der japanischen »Dunkelzimmer-Therapie« (30).

Trotz umfangreicher Literatur wird selten von einer vollkommenen Heilung des Frühkindlichen Autismus gesprochen. Von vielen Autoren wird die Prognose überwiegend als sehr schlecht bezeichnet (31).

Uns dagegen erscheint bei einer optimalen Förderung, die eine genaue Kenntnis des Behinderungsbildes voraussetzt, die Prognose in bezug auf die Verbesserung alltagsrelevanter Fähigkeiten und den Abbau stereotyper, autistischer Verhaltensweisen ausgesprochen günstig. Diese Erkenntnis beruht allerdings eher auf jahrelanger praktischer Erfahrung im therapeutischen Handeln und auf Erkundigungen bei Institutionen und deren Mitarbeitern im gesamten Bundesgebiet als auf intensivem Literaturstudium. Die Berichte von »Besserungen« des Autismus in der Literatur sind zumeist an bestimmte Theorien geknüpft und dienen zur Verifizierung dieser. Selbst Schmauch konnte ihre 1978 erschienene umfangreiche Arbeit mit dem Titel: »Ist Autismus heilbar?« nicht mit der Beantwortung der Titelfrage abschließen.

In diesem Sinne streben wir mit der von uns in dieser Arbeit dargestellten Methode keine »Heilung« des Autismus an. Vielmehr bemühen wir uns um eine Verbesserung konkret beschreibbarer Symptome einzelner Kinder, den Abbau von bestimmten Defiziten sowie den Aufbau neuer praxisrelevanter Fähigkeiten.

2. Sensorische Integration nach Ayres

In den siebziger Jahren entwickelte A. Jean Ayres die »Sensorisch-Integrative Therapie« für Kinder mit Lernstörungen. Die ihr zugrundeliegende Theorie gewann sie aus Resultaten der Grundlagenhirnforschung, die sie mit Beobachtungen und Untersuchungen aus der Verhaltensforschung verband. *»Um diese Konzepte zusammenzufügen ..., mußten die Lücken der Theorie mit Vermutungen gefüllt werden.«* (32)

Ayres definiert Integration als *»Interaktion und Koordination von zwei oder mehr Funktionen oder Prozessen zur Verbesserung der Anpassungsfähigkeit des Gehirns.«* (33) Sie geht davon aus, daß Fehl- oder Mangelfunktionen des sensorisch-integrativen Neuralsystems Ursache für bestimmte Arten von Lernstörungen sind. Diese Dysfunktionen sollen durch die von ihr entwickelten Southern California Sensory Integration Tests (SCSIT) aufgedeckt werden. Eine darauf abgestimmte sensorisch-integrative Therapie soll dem Kind helfen, seine sensorischen Informationen besser zu organisieren und zu integrieren, um damit mittelbar die Lernstörungen zu mildern.

Ayres behauptet nicht, daß *»die sensorisch integrative Therapie die eigentlichen Gründe der inadäquaten neuralen Organisation und die daraus resultierenden Lernstörungen eliminiert. Diese Therapie wird vielmehr als Milderung der Bedingungen betrachtet, denen meist unbekannte Ursachen zugrundeliegen und die wiederum Lernstörungen verursachen.«* (34)

2.1 Funktionsniveaus der Hirnareale

Eine zentrale Stellung in Ayres' Theorie nimmt das Konzept der Entwicklungssequenzen ein. Dieses geht davon aus, daß grundsätzlich jede Entwicklungsstufe vom Reifungsgrad der vorherigen abhängig ist. Für den Menschen bedeutet dies, daß – sowohl phylogenetisch als auch ontogenetisch betrachtet – neuere Strukturen die Funktionen älterer Strukturen wiederholen, verfeinern und verändern, diese jedoch nicht ersetzen. Auch nach deren Entwicklung bleiben die höheren Strukturen von den niedrigeren abhängig.

Ayres schlußfolgert, daß eine angemessene Funktion der höheren Hirnareale nur dann möglich ist, wenn die niedrigeren Areale einwandfrei arbeiten. Obwohl kein Areal des Neuralsystems isoliert vom anderen agiert und gleiche Stimuli auf mehreren Hirnebenen gleichzeitig verarbeitet werden, können den einzelnen Hirnebenen doch Hauptfunktionen zugeordnet werden. Sensorische Integration findet in allen Hirnebenen statt (35), jedoch ist der Hirnstamm von allen Arealen hierfür der wichtigste.

Der Hirnstamm

Der Hirnstamm erhält die meisten und wichtigsten sensorischen Informationen aus allen Bereichen des Neuralsystems. Dadurch ist er in der Lage, komplexe sensorisch-integrative Prozesse durchzuführen. Die im Hirnstamm und im Thalamus gelagerte Formatio reticularis steuert diese Prozesse. Sie ist *»so bedeutend, daß man sie als Hauptkontrollmechanismus im ZNS* (Zentralnervensystem/Anmerkung der Verf.) *betrachtet hat«* (36). Sie erhält sensorische Informationen aus allen Modalitäten und führt sie auf ein sogenanntes »konvergierendes Neuron« zusammen (37). Sie verändert den Input, indem sie z.B. bestimmte, vergleichsweise unbedeutende Reize hemmt, um andere, bedeutendere Reize zu bahnen oder die bedeutenderen Reize verstärkt. Erst dann gelangen diese Informationen in andere Hirnareale. Inhibition und Facilitation der in der Formatio reticularis eingehenden sensorischen Stimuli ist abhängig von deren Bedeutung für das Überleben des Organismus. Diese Bedeutung kann sich von einem Moment zum anderen ändern.

Der Neokortex

Der Neokortex ist die phylogenetisch jüngste Hirnebene. Seine Hauptfunktionen sind Sprache, höhere Formen des Bewußtseins sowie Konzept- und Strategiebildung (38). Als höchste Struktur des Neuralsystems verarbeitet er die sensorischen Stimuli wesentlich spezialisierter und komplexer als alle anderen Hirnebenen.

Der Kortex, der – wie erwähnt – von den niedrigeren Hirnebenen abhängig ist und von diesen beeinflußt wird, wirkt wiederum auf diese ein und kontrolliert, bei gelungener Integration, alle weniger komplexen Strukturen. *»Bei Kindern mit einer Dysfunktion ist die Vorherrschaft des Neokor-*

tex nicht voll entwickelt, und das Kind wird häufig von Aktivitäten niedrigerer Stufe und mehr primitiven Funktionen angetrieben.« (39)

Zusammenfassung

Bestimmte Lernstörungen sind vermutlich auf fehlende oder unzureichende subkortikale Integration sensorischer Stimuli zurückzuführen. Neokortikale Funktionen können verbessert werden, wenn die sensorische Integration auf den untergeordneten Ebenen verbessert wird.

2.2 Der Integrationsprozeß

Im Stammhirn treffen sensorische Informationen aus allen Sinnesmodalitäten ein. Die phylogenetisch ältesten und für das Überleben wichtigsten Modalitäten sind das vestibuläre und das taktile System, da diese Sinne sowohl direkt als auch indirekt alle sensorischen Integrationsprozesse beeinflussen.

Das vestibuläre System liefert Informationen über Haltung und Bewegung des Körpers, besonders über Beschleunigung und Verlangsamung. Diese Informationen sind unerläßlich, um z.b. die Haltung zu stabilisieren oder Abstützreaktionen hervorzurufen. Es wirkt indirekt auf andere Integrationsprozesse ein, da durch vestibuläre Stimulation der Erregungszustand der Formatio reticularis und damit der Ablauf vieler Integrationsprozesse verändert werden kann (40).

Das taktile System – die Druck-, Tast- und Berührungssinne – kann in zwei Arten unterschieden werden: das taktile Abwehrsystem und das unterscheidende System. Das phylogenetisch ältere Abwehrsystem – notwendig für den Schutz und das Überleben des Körpers und schon bei der Geburt ausgebildet – entscheidet, ob eingehende Reize als angenehm oder als Gefahr empfunden werden, d.h. ob entsprechende Kampf- oder Fluchtreaktionen ausgelöst werden müssen. Durch die sensorische Integration wird das taktile Abwehrsystem allmählich zugunsten des unterscheidenden Systems inhibiert. Dieses System liefert Informationen über die Qualität eines Reizes, z.B. Dauer, Intensität und Ort einer Berührung. Da das taktile System, besonders das taktile Abwehrsystem, direkten Bezug zum Überleben hat, kann es durch seinen Einfluß auf die Formatio reticularis andere Integrationsprozesse verändern.

Höhere Hirnebenen benötigen zur Herstellung ihrer optimalen Leistungsfähigkeit die einwandfreie Kombination, Verknüpfung und Verschaltung dieser basalen Informationen der vestibulären und taktilen Sinne. »*Wenn alle sensorischen Reize, die in das ZNS eingehen, die höheren Ebenen des Gehirns >bombadieren< könnten, würde das Individuum in die Ineffektivität gedrängt. Es ist Aufgabe des Gehirns zu filtern, zu organisieren, und eine Masse sensorischer Information zu integrieren, so daß diese zur Entwicklung und Durchführung der Hirnfunktionen genutzt werden kann.*« (41)

Die häufigste Methode der Integration ist die Inhibition von Reizen. Hierbei werden aus der Gesamtheit der eingehenden sensorischen Informationen die für das momentane Überleben weniger wichtigen gehemmt, um die bedeutenderen Reize weiterzuleiten. Umgekehrt besteht die Möglichkeit, Reize zu facilitieren, um ihre Bahnung in andere Hirnareale zu erleichtern. Die Methoden der »Synthese« und der »Ergänzung« sind hier von geringerer Bedeutung (42).

2.3 Die Southern California Sensory Integration Tests

Das Testmanual, welches aus verschiedenen Einzeltests und kürzeren Testbatterien zusammengesetzt ist, kam in der vorliegenden Form 1972 auf den Markt. Es wurde 1980 in überarbeiteter Form neu aufgelegt; eine deutsche Übersetzung lag während unserer Untersuchung nicht vor (43).

In der gesamten Batterie der Southern California Sensory Integration Tests (44) werden 17 Tests verwendet, die die Bereiche Grobmotorik, Feinmotorik, visuelle Wahrnehmung und taktil-kinästhetische Wahrnehmung überprüfen. Keiner dieser Tests verlangt verbale Reaktionen; das Kind muß allerdings in der Lage sein, Aufforderungen zu verstehen. Je nach Schwierigkeiten des Kindes dauert die Testdurchführung zwischen zwei und vier Stunden. Für amerikanische Kinder zwischen vier und acht Jahren ist das Verfahren vollständig standardisiert, für Neun- und Zehnjährige nur zum Teil. Da die SCSIT in unserer Untersuchung nicht zur Anwendung gekommen sind (45), verzichten wir auf eine ausführliche Beschreibung an dieser Stelle (46).

2.4 Therapie sensorischer Integrationsstörungen

Nach Ayres sind viele Lernstörungen auf Störungen der grundlegenden sensorischen Integrationsprozesse auf niedrigeren Hirnniveaus, besonders auf dem Hirnstammniveau, zurückzuführen. Deshalb muß es das Ziel jeder therapeutischen Intervention sein, die Integration auf diesen Niveaus zu normalisieren, um so die Funktionen der höheren Niveaus zu verbessern.

Da der Hirnstamm die übergeordnete Instanz für die Integration senso--
motorischen Inputs ist, ist die sensorische Integrationstherapie stark motorisch ausgerichtet. Ein weiterer Grund hierfür ist, daß sich sensorischer Input über motorische Aktivitäten gut organisieren läßt und der kindliche Entwicklungsstand am Reifungsgrad der Motorik im allgemeinen gut ablesbar
ist.

In der Therapiesituation wird das Kind mit strukturierten und kontrollier-
ten Stimuli versorgt, auf die es adaptiv reagieren lernen soll. Hierbei ist es
notwendig, auf derjenigen Stufe der Integration anzusetzen, die das Kind
ausreichend beherrscht und von da aus Schritt für Schritt die Integration
weiterzuentwickeln. Dabei soll die Therapie so weit wie möglich der normalen Entwicklung der sensorischen Integration angeglichen sein.

Jede Therapie muß auf die speziellen Störungen eines Kindes ausgerichtet sein. Diese Störungen, die durch die SCSIT diagnostiziert werden, treten selten vereinzelt auf. Manche Dysfunktionen sind oft zusammen zu finden. Ayres faßt sie in folgenden Syndrome zusammen:

Störungen der Stellungs- und Bilateralintegration

Die primitiven Haltungsreflexe, z.B. der tonische Nackenreflex (TNR) und
der tonische Labyrinthreflex (TLR), sind nur geringfügig integriert. Die
Stell- und Gleichgewichtsreaktionen sind nicht ausgereift. Das Kind zeigt
eine geringe Okularkontrolle. Die Integration der beiden Körperhälften ist
mangelhaft.

Entwicklungsapraxie

Das Kind hat große Schwierigkeiten, Bewegungen zu planen und koordi-
niert auszuführen, obwohl es weiß, wie sie geplant und ausgeführt werden
müssen.

Form- und Raumwahrnehmungsstörungen

Das Kind kann seine Lage im Raum nicht mit geschlossenen Augen bestimmen. Es hat Schwierigkeiten, Gegenstände mit geschlossenen Augen
zu identifizieren.

Taktile Abwehr

Das Kind empfindet Berührungsreize als negativ oder sogar als Bedro-
hung und versucht, diese Reize zu vermeiden. Es ist zudem wesentlich

empfindlicher gegenüber Berührungen als Menschen mit normaler Reizintegration.

Vernachlässigung einer Gehirnseite und Funktionen der rechten Cerebralhemisphäre

Eine Körperhälfte, meist die linke, wird fast vollständig ignoriert. Sämtliche Bewegungen werden bevorzugt mit der anderen Körperhälfte ausgeführt.

Hör- und Sprachstörungen

Hör- und Sprachstörungen treten bei vielen Kindern zusammen mit Defiziten in anderen Bereichen der sensorischen Integration auf. Ayres führt in diesem Zusammenhang auch die Möglichkeit einer Dysfunktion der linken Cerebralhemisphäre oder einer allgemeinen Dysfunktion an (47).

Einseitige Nichtbeachtung

Eine der oberen Extremitäten wird vernachlässigt, ebenso das visuelle Feld dergleichen Körperseite. Dieses Syndrom ist noch nicht ausreichend belegt (48).

2.5 Sensorische Integrationstherapie bei autistischen Kindern nach A. J. Ayres

Ayres führt aus, daß autistische Kinder ebenfalls viele Mängel in der Verarbeitung sensorischer Stimuli zeigen. Sie beschreibt drei Aspekte ungenügender sensorischer Integration:

1. *Der Sinneseindruck wird im Gehirn des Kindes nicht richtig »registriert«, was soviel heißen will wie nicht richtig zur Kenntnis genommen. Und deshalb schenkt ein solches Kind den meisten Dingen nur sehr wenig Aufmerksamkeit, während es zu anderen Zeiten überreagiert.*
2. *Das Kind kann Sinneseindrücke nicht richtig modulieren, was besonders für Gleichgewichts- und Berührungsempfindungen gilt. Deshalb besteht eine Schwerkraftverunsicherung und eine Berührungsabwehr.*
3. *Derjenige Teil seines Gehirns, der das Bedürfnis nach Beschäftigung mit neuen oder unterschiedlichen Dingen wachhält, arbeitet nicht normal, so daß das Kind nur wenig oder überhaupt kein Interesse an sinnvoller und konstruktiver Tätigkeit besitzt. (49)*

Die von Ayres durchgeführte sensorische Integrationstherapie führte bei autistischen Kindern meist zu keinen oder nur geringfügigen Verbesserungen. Ayres vermutet, daß die Ursachen in ihr unbekannten Faktoren, die mit dem speziellen Krankheitsbild des Autismus zusammenhängen, zu suchen sind (50).

3. Sensorische Integrationstherapie bei autistischen Kindern

In ihrem 1984 erschienenen Buch »Bausteine der kindlichen Entwicklung« widmet A. Jean Ayres dem Problem »Autismus« ein Kapitel. Sie gelangt allerdings zu dem Ergebnis, daß die Therapie sensorisch-integrativer Dysfunktionen bei autistischen Kindern nicht die vermuteten Erfolge bringt.

Dennoch werden wir in dieser Untersuchung autistische Kinder mit der von Ayres entwickelten Methode behandeln. Dieses begründet sich aus unserer Auffassung vom Autismus, die wir in diesem Kapitel herleiten und erklären wollen. Dazu verwenden wir überwiegend Zitate aus der uns vorliegenden Literatur.

3.1 Autismus - eine Wahrnehmungsverarbeitungsstörung

Auf die zahlreichen unterschiedlichen Theorien und Hypothesen zur Ätiologie und die vielen möglichen Herangehensweisen an Therapie und Behandlung des Autismus wiesen wir bereits im ersten Kapitel hin.

Im folgenden werden wir **einen** Ursachen-Erklärungs-Ansatz kurz beschreiben. Dieser hat sich unserer Erfahrung nach in der Praxis in den vergangenen Jahren bewährt und viele Phänomene des Autismus zu erklären vermocht.

Beginnen wir mit einem Zitat: *»Lernen ist abhängig von der totalen Funktion des Gehirns.« (51)*

Es ist heute wohl unumstritten, daß autistische Kinder in ihrem Lernen – dem bewußten wie unbewußten – behindert sind, ihre Wahrnehmungsorgane, die ein Teilnehmen an den Umweltgeschehnissen ermöglichen, physiologisch aber einwandfrei funktionieren.

Wenn autistische Kinder an dem Leben um sie herum nicht so teilnehmen, wie es andere, nicht behinderte Kinder tun, kann es also nur daran liegen, daß sie es nicht wollen oder nicht können. Wer in seiner praktischen Arbeit autistische Kinder erlebt hat, wird die erste Möglichkeit sicher ebenso ausschließen wie wir: Autistische Kinder greifen Anregungen, Vorschläge, Aufforderungen, neue Lerninhalte und Wissen immer gerne und bereitwillig auf, wenn sie ihnen in einer Form nahegebracht werden, die ihnen angemessen und verständlich ist.

Bleibt also die zweite Möglichkeit: Autistische Kinder können am Leben um sie herum nicht teilnehmen. In den siebziger Jahren wurden zu diesem Aspekt des »Nichtteilnehmen-Könnens« mehrere wissenschaftliche Untersuchungen angestellt (Hermelin/O'Connor, Frith, Lovaas, Koegel, Schreibman, Wetherby, Kootz, Marinelli, Cohen) (52). Die Ergebnisse dieser Forschungen fassen Cordes/Wilker wie folgt zusammen:

»Weiter wird von vielen Autoren (O'Connor, Martin, Ornitz, de Myer, Rutter e.t.c.) nach verschiedenen psychologischen und physiologischen Vergleichtests angenommen, daß eine der zentralen Ursachen des Autismus darin besteht, daß die optischen, akustischen und taktilen Wahrnehmungen der Außenwelt trotz intakter Sinne im zentralen Nervensystem nicht zu einer für das Kind verstehbaren Information verarbeitet werden; die höheren, den sensorischen Input integrierenden Prozesse sind gestört und/oder ungenügend entwickelt.

Folge ist die »typisch autistische« Abwendung von den verwirrenden, Konfusion erzeugenden Außen-Wahrnehmungen (der Personen- und Gegenstandwelt), die Präferenz gleichartiger, primitiver, immer wiederkehrender Wahrnehmungsmuster und damit eine radikale Beschränkung des kindlichen Explorationsverhaltens auf einen winzigen Teilausschnitt der Realität.« (53)

Einige Jahre später kann Cordes dann konstatieren:

»Nach vielen Einzeluntersuchungen zu den Wahrnehmungsauffälligkeiten und zur Wahrnehmungsverarbeitung autistischer Kinder kann heute als erwiesen gelten, daß alle autistischen Kinder kindspezifisch unterschiedliche Störungen in der Verarbeitung ihrer Wahrnehmungen aufweisen.« (54)

Diese Schlußfolgerungen decken sich uneingeschränkt mit unseren Beobachtungen und Erfahrungen. Wir halten daher fest,

»daß die Tätigkeit eines lebendigen Organismus, in höchster Ausprägung die des Menschen, als Aneignung von Welt verstanden werden kann. Seine psychische Gestalt gewinnt er durch die psychische Widerspiegelung der objektiven Realität. Dies setzt einen biologischen Träger dieser Funktionen voraus, einen Organismus, der biologisch so weit strukturiert ist, daß er diese Tätigkeit hervorbringen kann, aber so weit undeterminiert, daß sich die Funktionen seiner Organe durch den Aneignungsprozeß entsprechend der objektiven Realität im Sinne einer höheren Nerventätigkeit herausbilden können und diese eine psychische Entsprechung in der Her-

ausbildung der Persönlichkeit und eines entsprechenden Bewußtseins fin-den. Dabei erfahren wir das dialektische Verhältnis von Biologischem und Gesellschaftlichem als eine grundlegende Notwendigkeit.« (55)

An anderer Stelle betont Feuser noch einmal das »Nicht-teilnehmen-Kön-nen« autistischer Kinder:

> *»Die Zerstörung der Einheit sensorischer und motorischer Aktivität der Wahrnehmungstätigkeit durch Isolation im Sinne widersprüchlicher Reizin-formation verunmöglicht die Signal- und Orientierungsfunktion der Wahr-nehmung und führt zur Irritation des Wahrnehmenden. Dadurch wird der Organismus in eine diffuse Reaktionsbereitschaft – wir sind geneigt >Alarmbereitschaft< zu sagen – versetzt.« (56)*

Die Störungen in der individuellen Verarbeitungstätigkeit sollen nun näher beschrieben werden.

3.2 Aspekte der Wahrnehmungsverarbeitungsstörung

»Wahrnehmung ist eine komplexe Leistung unseres Gehirns.« (57) Für un-sere Wahrnehmung, d.h. für die Abbildung der objektiven Realität in uns ist die vollständige und fehlerfreie Funktion unseres Gehirns notwendig. Ebenso notwendig und unumgänglich ist die aktive und passive Aufnahme von Informationen aus der Umwelt und uns selbst sowie deren korrekte Verarbeitung und Speicherung. An dieser Informationsaufnahme müssen alle Wahrnehmungsorgane beteiligt sein. Es genügt in Zukunft nicht mehr, unsere »fünf Sinne« – Sehen, Hören, Tasten, Riechen, Schmecken – bei-sammen zu haben. Vielmehr müssen die »unscheinbaren« Sinne – Gleich-gewichtssinn, Stellungs-, Spannungs- und Kraftsinn, Druck- und Berüh-rungssinn, Temperatur- und Schmerzsinn, Organempfindungssinn – eine verstärkte Beachtung finden. Dazu Ayres:

> *»Schilder (1933) was one of the first clinicians to recognize the signifi-cance of the vestibular system to the whole psychic structure ...« (58)*

Auch Augustin betont die Bedeutung des Vestibularapparates als Wahrneh-mungsorgan:

> *»Vestibuläre Funktionen spielen ... eine große Rolle für die Integration, d.h. für das Zusammenspiel der verschiedenen Sinnesinformationen der üb-rigen Sinnessysteme ...« (59)*

Etwas spezieller formuliert Ornitz den gleichen Sachverhalt:

27

»It is suggested that a dysfunction of the central connections of the vestibular system with the cerebellum and the brain stem may be responsible for the strange sensorimotor behavior observed in autistic children ...« (60)

Die Lokalisation der Verarbeitungsstörung ist allerdings noch umstritten. Zieger nämlich sieht die Probleme an anderer Stelle im Gehirn:

»Der Thalamus stellt das wichtigste Integrationsorgan für Afferenzen dar, weil er alle Zugänge aller Sinnesmodalitäten bekommt, die er in Abhängigkeit von der Formatio reticularis im Hirnstamm an die Großhirnrinde weiterleitet oder moduliert.« (61)

In seiner Untersuchung zum Verhalten autistischer Kinder in der Dunkelheit fand Baum folgendes heraus:

»Autistische Kinder steuern den Ablauf ihrer Bewegungen nicht durch Inanspruchnahme der laufenden visuellen Information. Optische und kinästhetische Wahrnehmungen über diese beiden Sinnesmodalitäten werden nicht gleichzeitig und miteinander korrelierend aufgenommen ...« (62)

Dieses kann – nach Baum – als Beweis für eine Wahrnehmungsverarbeitungsstörung gewertet werden. Er geht mit Delay (1971) (63) noch weiter, indem er folgert: Stehen visuelle und kinästhetische Informationen bereit, werden bevorzugt letztere verarbeitet. Zu ähnlichen Ergebnissen bei der Verknüpfung zweier Sinneseindrücke kommt auch Rothenberger (64).

In den siebziger Jahren führten Hermelin/O'Connor eine Reihe von Versuchen mit autistischen Kindern durch. Dabei kamen sie zu dem folgenden Ergebnis:

»Das normale menschliche Gehirn, dem die vollständige Reihe sinnlicher Information zur Verfügung steht, behandelt nicht immer diese Information nur gemäß der Sinnesmodalität, in welcher sie empfangen wurde. Im Gegenteil scheint eine solche Information oft von der tatsächlich gereizten Modalität auf dasjenige Sinnessystem transferiert zu werden, das die stärkste Fähigkeit hat, diese Daten zu behandeln.« (65)

Dieser Transfer scheint bei autistischen Kindern gestört zu sein. Über die Ursache solcher Dysfunktionen mutmaßt Delacato:

»Jedes Kind muß diese Aufeinanderfolge von der primitiven Reflexstufe der Muskelfunktionen bis zu den ureigentlich menschlichen Funktionen von Sprache und Erkenntnisfähigkeit nachvollziehen. Gemäß der Theorie der Neurologischen Organisation ist die spätere Ausbildung und Organisation mangelhaft, wenn eine oder mehrere Stufen übersprungen oder zu oberflächlich durchgemacht worden sind.« (66)

Hier bereits deutet sich der Teufelskreis an, in dem autistische Kinder leben müssen. Feuser unterstreicht noch einmal die neurophysiologische Basis dieser Wahrnehmungsverarbeitungsstörungen:

»..., daß der kindliche Autismus auf neurophysiologischem Hintergrund als ein spezielles Problem der Wahrnehmung der betroffenen Kinder anzusehen ist ...« (67)

Leider sind die Problematik der Verarbeitungsstörung von Wahrnehmungen aus den »unscheinbaren« Sinnen (s.o.) und auch die Ursachen solcher Störungen wenig untersucht worden. Die bislang vorliegenden Untersuchungsergebnisse verweisen auf Veränderungen subkortikaler Strukturen, die wiederum zu sensorischen Funktionsstörungen führen können. Wegen unterschiedlicher Versuchsbedingungen sind die neuropsychologischen und neurophysiologischen Untersuchungen nur teilweise miteinander vergleichbar.

3.3 Sensorische Integration als Wahrnehmungsverarbeitung

In den vorangegangenen Abschnitten 3.1 und 3.2 haben wir zunächst Autismus als Wahrnehmungsverarbeitungsstörung dargestellt und anschließend einige Aspekte der Wahrnehmungsverarbeitung beschrieben. In diesem Teil zeigen wir nun, daß es sich bei der sensorischen Integration um einen Prozeß der Wahrnehmungsverarbeitung handelt. Stellen wir uns zunächst die Situation eines Kindes vor:

»Es wird mit sensorischen Informationen aus seiner Umgebung bombardiert, aber dabei handelt es sich um globale Daten. Diese sind gestaltlos, es lassen sich an ihnen keine Einzelheiten unterscheiden, sie vermitteln nur verschwommene, schlecht definierte Eindrücke und geben keine geordnete Information.« (68)

Anfängliche Ungeordnetheit weicht nur durch schrittweise Integration einer deutlicheren Strukturierung.

»Die Integration ist ein Vorgang, durch den ein Reflex derart mit einem zweiten verknüpft wird, daß ein einziger Stimulus zwei oder mehr reflexhafte Reaktionen auslöst ... Nervenbahnen, die die Gebiete von zwei oder mehreren reflektorischen Bereichen verbinden, werden aktiviert, so daß sich ein Komplex entwickelt. ... Erst die Lernerfahrungen des Kindes bewirken, daß diese Bahnen zur Integration von Reflexen zu einem Reaktionskomplex verwendet werden.« (69)

Diese Bildung von Reaktionskomplexen, d.h. von Strukturen und Verhaltensmustern, ermöglichen dem Kind, insbesondere dem autistischen, eine Orientierung in der Umwelt. Verbesserte Integration stellt daher eine Voraussetzung für verbessertes Lernen dar.

»Ein Beispiel dafür ist das System des Gleichgewichtsreflexes. Ist das Gleichgewicht gestört, so erfolgen eine Anzahl reflektorischer Reaktionen, die dazu dienen, das Gleichgewicht wieder herzustellen. Viele Körperteile werden dabei in koordinierten Ausgleichsbewegungen zur selben Zeit bewegt. Einer dieser Komplexe folgt dem anderen, bis das Gleichgewicht wieder erlangt ist. Der Gesamtvorgang besteht aus einer sehr komplizierten Auswahl von Bewegungen. Die meisten davon laufen reflektorisch ab. Alle sind zu einem organisierten Ganzen integriert.« (70)

Sensorische Integration als Wahrnehmungsverarbeitung ermöglicht also das »Teilnehmen-Können« und somit auch ein adäquates Mitwirken in der Wechselbeziehung zwischen Organismus und objektiver Realität.

»Durch diese frühen Lernerfahrungen, durch Reflexintegration, durch motorische und sensorische Integration werden sozusagen die Lernwerkzeuge verfeinert und gebrauchsfähig gemacht. In den folgenden, komplexeren Lernschritten werden diese ersten Fertigkeiten dann als Instrumente benützt, um die Informationen aus der Umwelt zu manipulieren und um das Verhalten auf der Basis solcher Manipulationen zu modifizieren.« (71)

Das Individuum in seiner Gesamtheit wird durch diese Verarbeitungsprozesse determiniert. Ayres faßt das in folgende Worte zusammen:

»The literature suggests the possibility that enhancing sensory integration, especially through mechanisms of the vestibular system, might influence behavior, including perceptual, motor, cognitive, and emotional development.« (72)

Auch Inge Flehmig, die sich seit vielen Jahren mit den Problemen von sensorisch-integrativen Dysfunktionen beschäftigt, betont die herausragende Bedeutung dieser Form von Wahrnehmungsverarbeitung:

»Die sensorische Integration von Sensomotorik, visuellem, auditivem, limbischem und vegetativem System stellt die Grundlage für Lernprozesse, abstraktes Denken, Sprache und psychische Funktionen dar.« (73)

Keiner dieser Verarbeitungsprozesse ist statisch. Giroud beschreibt das Gehirn als dynamisch und plastisch; seine Möglichkeiten, sich zu entwickeln und zu wachsen, vermehren sich mit der Masse sensorischer Erfahrungen.

Daher ist ein Behandeln sensorisch-integrativer Dysfunktionen notwendig und unumgänglich.

»The disturbed sensory motor system of the autistic child can be ameliorated through training. The effect is the reorganization of neural pathways to function sufficiently to carry out a task. Movement is the means by which the human organism interacts upon environment. In turn, this movement influences the human structure.« (74)

3.4 Zusammenfassung unserer Vorüberlegungen – 5 Thesen

In den Abschnitten 3.1 bis 3.3 haben wir unsere Vorüberlegungen für diese Arbeit skizziert und sie durch eine Auswahl von Zitaten aus der Literatur verdeutlicht. Im folgenden soll unsere Auffassung noch einmal thesenartig zusammengefaßt werden:

1. *Die autistische Symptomatik begründet sich in einer für jedes Kind individuell zu beschreibenden Wahrnehmungsverarbeitungsstörung*
   Dieses Verständnis von Autismus ist nicht allein das Ergebnis eines umfangreichen Literaturstudiums, sondern vielmehr die Subsumierung von tausenden von praktischen Alltagserfahrungen im Umgang mit autistischen Kindern. Zwänge, Stereotypien, Veränderungsängste, motorische und sprachliche Auffälligkeiten, Lernblockaden, soziale wie emotionale Disharmonien werden – kindspezifisch betrachtet – durch diesen Erklärungsansatz verstehbar und behandelbar.
2. *Autistische Kinder sind in bezug auf ihre Wahrnehmungen desintegriert. Diese Desintegration ist ein Teil ihres autistischen Syndroms.*
   Eine richtige, d.h. funktionelle Verarbeitung von sensorischem Input im Sinne einer Aufnahme, Speicherung und Wiederabrufbarkeit von Informationskomplexen ist autistischen Kindern durch die mangelhafte Verschaltung und Verknüpfung von Sensorismen unterschiedlicher Eingangskanäle unmöglich gemacht. Dabei spielen Afferenzen im vestibulären, taktil-kinästhetischen bzw. proprioceptiven Bereich (z.B. Informationen über die Haut durch Tangorezeptoren, über die Gelenkkapseln bzw. Gelenkbänder durch Stellungsrezeptoren und Ruffinische Nervenendigungen, über Sehnen und Muskeln durch Spannungsrezeptoren, Sehnenspindeln (Golgi-Organe) und Sacculus und Utriculus durch Maculae, Statolithen und Cupulae) eine hervorragende Rolle, da ihre korrekte Verarbeitung Grundlage für die Stabilität des gesamten Organismus und damit Voraussetzung für gelungene Verarbeitung von Afferenzen aller übrigen Sinnesbereiche ist. (Beispiel: wie soll ein Kind, welches durch

mangelhafte Verarbeitung von Gleichgewichtsinformationen seinen Körper in ständigen Ausgleichsbewegungen halten muß und dadurch nur damit beschäftigt ist, nicht umzufallen oder vom Stuhl zu kippen, Lernanforderungen im kognitiv-intellektuellen Bereich genügen?)

3. *Störungen der sensorischen Integration – wie Ayres sie versteht – können durch eine spezielle Art der Therapie weitgehend beseitigt werden. Damit gehen Verbesserungen in der Lernbereitschaft und Lernmotivation auch in anderen – vor allem in höheren Hirnschichten, auf kortikalem Niveau angesiedelten – Bereichen einher.*

Die Erfolge der Ayres'schen Therapie, wie sie heute überwiegend von Beschäfigungstherapeuten/innen durchgeführt wird, sind unumstritten. Über die Probleme der Überprüfung des zweiten Teils der These 3 berichten wir in den Kapiteln 5 und 6.

4. *Auch bei autistischen Kindern können sensorisch-integrative Dysfunktionen abgebaut werden.*

Nicht alle autistischen Kinder weisen Verarbeitungsstörungen im vestibulären, taktilen, kinästhetischen oder propriozeptiven System auf. Die ihnen spezifische Störung kann natürlich auch in anderen Bereichen angesiedelt sein. Wir glauben aber, daß eine Behandlung der sensorischen Integrationsstörungen ebenso Erfolg haben wird, wie es für die Behandlung von Verarbeitungsstörungen in anderen Wahrnehmungsbereichen seit Jahren nachgewiesen ist.

5. *Die Behandlung sensorischer Integrationsstörungen ist ein notwendiger und sinnvoller Teil der Autismustherapie.*

Zu einer umfassenden, ganzheitlich orientierten Therapie, deren erstes Ziel es ist, von den Bedürfnissen des Kindes ausgehend, kindspezifische Defizite so abzubauen, daß dem Kind ein Teilnehmen am Leben in Familie und Gesellschaft möglich ist, gehört unserer Auffassung nach auch das Training von Basis-Funktionen. Diese werden überwiegend subkortikal verarbeitet. Bei jüngeren Kindern (z.B. im Rahmen einer umfassenden Frühförderung) muß dieses grundlegende Basistraining unerläßlicher Hauptbestandteil einer kindorientierten Therapie sein.

4. Aufbau unserer Untersuchung

Wir haben in der »Ambulanz für autistische Kinder« in Bremen in der Zeit von Januar bis Dezember 1985 eine Untersuchung über Störungen der sensorischen Integration und spezielle Probleme bei Diagnose und Therapie bei autistischen Kindern durchgeführt.

In diesem Kapitel stellen wir die äußeren Bedingungen dieser Untersuchung dar. Am Anfang steht die Beschreibung der »Ambulanz für autistische Kinder «, um die Rahmenbedingungen, die durch diese Institution vorgegeben sind, zu verdeutlichen. Daran schließt sich die Beschreibung des Ablaufes und der Kriterien der Auswahl der an der Untersuchung beteiligten Kinder an.

Eine kurze Darstellung der Diagnosephase folgt im dritten Abschnitt. Außerdem begründen wir dort, warum wir die SCSIT nicht verwendeten.

Den zeitlichen und organisatorischen Ablauf der Therapie erläutern wir im vierten Abschnitt. Im letzten Teil gehen wir auf die Systematik der Dokumentation unserer Untersuchung ein.

4.1 Die Ambulanz für autistische Kinder

Die »Ambulanz für autistische Kinder« des BREMER PROJEKTs wurde im Februar 1977 vom Elternverein »Hilfe für das autistische Kind Bremen e.V.« eröffnet. Die Ambulanz sollte zunächst als Vortrainings-Träger für Kinder dienen, die dann in die ein Jahr zuvor gegründete »Sonderklasse für autistische Kinder« aufgenommen werden sollten. Aber bereits kurze Zeit später verselbständigte sich der Betrieb. Es gab zunehmend Anfragen aus dem Umland. 1978 zog die Ambulanz in neue Räume um und wurde organisatorisch sowie finanziell unabhängig von der Sonderschule.

Das Team besteht heute aus zwei Psychologen (70 Std.), einer Sozialpädagogin (40 Std.), zwei Studenten, die bereits seit mehreren Jahren im BREMER PROJEKT arbeiten (38 Std.) sowie einer Sekretärin (15 Std.) und einer Putzfrau (6 Std.). Zur Zeit werden 28 Kinder mit jeweils mindestens zwei Therapiestunden pro Woche betreut. Die Kinder kommen überwiegend aus dem Bremer Umland (Niedersachsen); die Anfahrtswege sind dementsprechend lang (bis zu 120 km). In der Regel werden die beiden Therapiestunden pro Woche auf zwei unterschiedliche Tage verteilt; bei einem Termin kommen Betreuungspersonen aus der Einrichtung, in der das Kind während des Tages untergebracht ist, mit in die Ambulanz. Zu dem anderen Termin wird das Kind von einem Familienmitglied (Vater/Mutter) begleitet. Ein regelmäßiger Informationsfluß über alle das Kind betreffenden Probleme und Entwicklungen ist somit gegeben. Außerdem sind die Betreuer (Erzieher/Gruppenleiter/Mutter/Vater) bei der Therapie anwesend und führen diese – soweit möglich – zu Hause und in der Einrichtung fort.

Zusätzlich führt die Ambulanz in regelmäßigen Abständen Elternfortbildungskurse, Hausbesuche, Lernzielbesprechungen sowie bei Bedarf Beratungsgespräche für Eltern oder Mitarbeiter in Behinderteneinrichtungen durch.

Die therapeutische/inhaltliche Konzeption der Ambulanz ist außerordentlich breit angelegt. Im Mittelpunkt der Arbeit steht immer das Kind mit seinen speziellen Problemen, Vorlieben und Eigenarten. Um den Problemen von Kind und Familie gerecht zu werden und der Individualität jedes einzelnen Kindes ausreichend Rechnung zu tragen, ist ein sehr behutsames Vorgehen mit einer großen Variabilität notwendig. So sind ein besonders strukturierter Umgang, eine reizarme Umgebung, klare sprachliche Anweisungen, durchdachtes Lernmaterialangebot – wie es u.a. Cordes (1983) beschreibt – sowie ein intensiver und liebevoller Kontakt zum Kind Voraussetzungen für ein erfolgreiches Lernen. Auf der Grundlage lerntheoretischer Prinzipien (75) entwickelte sich ein das spezielle Behinderungsbild berücksichtigender Therapieansatz (76). Dieser bezieht alle möglichen Formen therapeutischen Vorgehens mit ein, wie z.B. »non-direktives« Herangehen (77), »Kognitive Bewegungstherapie im strukturierten Raum« (78), »Psychomotorische Übungsbehandlung« (79), »Gesprächstherapie« (80), um nur einige mögliche Ansätze zu nennen.

Wie bereits oben erwähnt, entscheidet das jeweilige Kind mit seinen individuellen Problemen und Defiziten über das therapeutische Vorgehen. Nur so kann jedem Kind wirksam geholfen werden.

Die große Offenheit der Mitarbeiter der Ambulanz gegenüber den verschiedensten therapeutischen Ansätzen ermöglichte es uns, im Rahmen dieser Untersuchung die »Therapie der sensorisch-integrativen Dysfunktionen« bei autistischen Kindern auf ihre Relevanz für die Praxis hin zu überprüfen und die in diesem Zusammenhang entstehenden Probleme aufzugreifen und zu diskutieren.

34

Auf eine umfassendere Darstellung der Ambulanz verzichten wir an dieser Stelle und verweisen auf entsprechende Veröffentlichungen (81).

4.2 Auswahl der Kinder

Im Januar 1985 begannen wir, nahezu alle Kinder, die in der Ambulanz für autistische Kinder gefördert werden, auf ihre Eignung für eine Teilnahme an einer Behandlung nach der sensorischen Integrationstherapie von Ayres zu untersuchen. Dazu werteten wir alle Video-Aufnahmen, die von den Therapien mit diesen Kindern zu Verfügung standen und die von uns entwickelten »Fragebögen zur sensorischen Integration« (82) aus, die die jeweils zuständigen Therapeuten auf unsere Bitte hin ausgefüllt hatten. Die wichtigste Grundlage für unsere Entscheidung bildete jedoch unsere Beobachtung der Kinder während der Therapiesituation in der Ambulanz.

Für die Teilnahme an unserer Untersuchung hatten wir drei Hauptkriterien entwickelt.

1. Auffällige Störungen der sensorischen Integration
2. Keine körperlichen Behinderungen der Kinder
   (z.B. Cerebralparese, Skoliose, Hüftgelenkschaden)
3. Einverständnis der Eltern zur Teilnahme des Kindes an dieser Untersuchung.

Von den Kindern, die diese Kriterien erfüllten, wählten wir sieben aus. Diese waren von ihren Voraussetzungen (Alter, bisherige Therapiedauer, Ausprägung des autistischen Syndroms etc.) her sehr unterschiedlich.

4.3 Die Diagnosephase

Sobald die Teilnahme eines Kindes an der Untersuchung feststand, begannen wir mit der Diagnosephase. Diese umfaßte durchschnittlich zwei Monate, in denen zwischen 90 und 360 Minuten Übungen zur sensorischen Integration durchgeführt wurden. Diese Übungen wurden zum Teil auf Video-Mitschnitten dokumentiert.

Grundlage für die Diagnose sensorischer Integrationsstörungen bildete in den meisten Fällen die klinische Beobachtung, da sich die Anwendung von Tests generell als problematisch erwies. Die Durchführung der von Ayres als für die Diagnose sensorischer Integrationsstörungen unerläßlich bezeichneten SCSIT war aus verschiedenen Gründen nicht möglich.

Die Anwendung der SCSIT wirft allgemein Probleme auf:

- Die Testbatterie weist schwere Mängel auf (83).
- Die Ausführung der Tests stellt hohe Anforderungen an den Testleiter (84).
- Die Testdauer beträgt zwischen zwei und vier Stunden.

Neben den allgemeinen Problemen ergaben sich bei der Anwendung der SCSIT in unserer Untersuchung zusätzliche Schwierigkeiten, die die Durchführung unmöglich machten:

- Eine Übersetzung der Testbatterie lag nicht vor (85).
- Der Testleiter braucht viel Übung in der Anwendung der SCSIT, um die Tests durchzuführen und auszuwerten (86).
- Die Tests sind nicht für geistig Behinderte konzipiert.
- Für die Durchführung der Tests ist es notwendig, daß das Kind verbale Aufforderungen versteht. Die meisten der an unserer Untersuchung beteiligten Kinder sind dazu jedoch nicht in der Lage. Für die Anwendung wäre es also erforderlich, nicht-verbale Aufforderungsmöglichkeiten zu finden.

4.4 Die Therapiephase

Nach Abschluß der Diagnosephase wurde für jedes Kind ein speziell auf seine Störungen abgestimmtes Therapieprogramm erarbeitet.

Die Therapien schlossen sich ohne Unterbrechung an die Diagnosephase an; sie begannen zwischen April und September 1985. Wir schlossen unsere Untersuchung im Laufe des Novembers/Dezembers 1985 ab, so daß der Zeitraum, in dem die Therapien durchgeführt wurden, zwischen drei und acht Monaten betrug. Dabei ist zu berücksichtigen, daß die Ambulanz in den Monaten Juli und August wegen Sommerferien geschlossen hatte.

Die Therapie von Störungen der sensorischen Integration wird auch nach Abschluß dieser Untersuchung fortgesetzt.

4.5 Die Dokumentation unserer Untersuchung

In der Dokumentation unserer Untersuchung bemühten wir uns um eine lebendige Schilderung und allgemeine, gute Verständlichkeit der Diagnose- und Therapieverläufe bei den autistischen Kindern. Bisweilen mußten wir aus diesem Grund Kompromisse hinsichtlich der Systematik und Übersichtlichkeit schließen. Es ist jedoch unserer Auffasssung nach notwendig, jedes Kind zunächst für sich zu beschreiben, um der speziellen autistischen Problematik gerecht zu werden. Selbstverständlich änderten wir die Namen und Geburtsdaten der Kinder.

An den Anfang stellen wir die Fallbeschreibungen der sieben autistischen Kinder in Kapitel 5.

In Kapitel 6 fassen wir die Probleme von Diagnose, Therapie und Erfolgskontrolle zusammen.

Die Ergebnisse unserer Untersuchung stellen wir in Kapitel 7 dar.

5. Die Kinder-Falldarstellungen

Die Berichte über die Kinder

5.1 Susanna
5.2 Sebastian
5.3 Corinna
5.4 Lothar
5.5 Natalie
5.6 Katharina
5.7 Sabine

gliedern sich wie folgt:

Name und Geburtsdatum
1. Zur Ausgangssituation
   a) Krankheitsgeschichte
   b) Therapieverlauf / Beobachtungen / Entwicklungsstand
2. Diagnose sensorischer Integrationsstörungen
   – Zur Diagnosestellung – unsere Beobachtungen im einzelnen
   – Zusammenfassung
   – Problemfelder bei der Diagnosestellung
3. Durchführung des Trainingsprogrammes
4. Der Verlauf der Therapie und ihre Probleme
5. Die Ergebnisse der Therapie – Zusammenfassung
6. Interpretation der Ergebnisse / Probleme der Erfolgskontrolle

5.1 Kind I: Susanna, geb. 1972   4 Jahre

Susanna kommt seit Mai 1978 in die Ambulanz. Sie besucht seit 1976 einen Kindergarten bzw. eine Tagesbildungsstätte für Geistigbehinderte. Die Diagnose »Autismus« wurde im Dezember 1976 gestellt.

5.1.1 Zur Ausgangssituation

a) Krankengeschichte

Susanna ist das erste von 2 Kindern. Die Schwangerschaft verlief normal; die Geburt fand zum errechneten Termin ohne Komplikationen statt. 1975 wurden bei EEG-Untersuchungen keine besonderen Auffälligkeiten gefunden (altersentsprechende Grundaktivität, kein Herdbefund, keine epileptogenen Potentiale).

Susanna hatte sich trotzdem nie unauffällig verhalten. Als Baby lehnte sie den Kopf nicht an, wenn man sie auf den Arm nahm. In den ersten drei Lebensjahren konnte sie nicht imitieren; den Eltern fiel ferner auf, daß sie alles in den Mund nahm, was sie erreichen konnte und Dinge mit dem Mund berührte. Ihr auditives und visuelles Wahrnehmungsverhalten schien jedoch normal zu sein. Auffälliges zeigte sich beim Riechen, d.h. Susanna roch häufig an Gegenständen und hyperventilierte (meist wenn sie unbeschäftigt war oder um sich schwierigen, undurchschaubaren Situationen zu entziehen). Die Eltern nahmen zeitweilig an, Susannas Hörfähigkeit könnte nicht normal sein, waren aber dennoch überzeugt, daß Susanna richtig hören konnte. Auffallend war eine Vorliebe für bestimmte Geräusche (z.B. plätscherndes Wasser).

Manchmal schien es so, als ob Susanna nichts um sich herum wahrnahm oder durch Personen »hindurchschaute«. Ihren Blickkontakt zu bekannten, vertrauten Personen schätzten die Eltern als normal ein.

Susanna hatte starke Veränderungsängste, die sich z.B. beim Einkaufen oder bei Spaziergängen zeigten. Vor fremden Erwachsenen und vor allem vor fremden Kindern hatte sie große Angst und verhielt sich ihnen gegenüber sehr abweisend. Bei Veränderungen in ihrer Umwelt sowie in Situationen, in denen sie etwas Neues lernen sollte, kam es häufig zu Zornausbrüchen. Susanna schlug sich dabei selbst oft mit den Händen, stieß mit dem Kopf gegen die Knie oder an die Wand. Gelegentlich kamen Wutanfälle vor, deren Ursache nicht erkennbar war. Ihr Befinden und ihre Stimmung waren stets sehr schwankend.

Susanna drehte kleine Gegenstände in stereotyper Weise; dabei lag sie mit seltsam verschränkten Beinen auf dem Boden. Ihr besonderes Interesse galt Zeitschriften und Papier. Angebotenes Spielzeug beleckte und beroch sie auffallend, ging aber nicht funktionsgerecht damit um.

Die Sprachentwicklung begann mit 2–3 Jahren. Im Alter von 6 Jahren sprach Susanna fünf Worte, die sie jedoch nur teilweise sinnentsprechend verwendete. Viele Laute konnte sie nicht richtig aussprechen. Sie verständigte sich nicht durch Sprache, sondern durch Gesten bzw. Hinführen eines Erwachsenen zu einem bestimmten Gegenstand. Sie lautierte häufig vor sich hin, manchmal fing sie plötzlich an zu brummen oder zu quietschen.

Bei der Ernährung gab es anfangs große Schwierigigkeiten. Susanna erbrach im ersten Lebensjahr die Milch, war nur schlecht auf feste Nahrung umzustellen, hatte Schwierigkeiten beim Kauen und Schlucken und aß nur bestimmte Dinge.

Die körperliche Entwicklung verlief verzögert. Susanna konnte erst mit 18 Monaten frei sitzen, mit 20 Monaten frei stehen und mit 2 Jahren laufen. 1978 erschien den beobachtenden Therapeuten der Ambulanz ihre grobmotorische Geschicklichkeit normal, bei feinmotorischen Anforderungen wirkte sie etwas unbeholfen.

b) Therapieverlauf / Beobachtungen / Entwicklungsstand

Wie bereits erwähnt, erhält Susanna seit Juni 1978 wöchentlich zwei Stunden Einzeltherapie in der »Ambulanz für autistische Kinder«.

Nach einer Phase der Eingewöhnung folgten Übungen zur Stimuluskontrolle und zum Aufbau eines adäquaten Arbeitsverhaltens. Anschließend wurde (nach eingehender Beobachtungszeit) in speziellen, defizitären Bereichen gearbeitet:

- Sprachverständnis: Zeigen, Geben, Holen von Gegenständen auf Aufforderung, Zeigen von Körperteilen;
- aktive Sprache: Antworten auf die Frage: »Was ist das?«; Erweiterung des Wortschatzes;
- Feinmotorik: Kneten; Schneiden mit der Schere und dem Messer; Pinzettengriff; Stifthaltung;
- Auge-Hand-Koordination: Malen und Linien ziehen;
- Imitation im Handlungsbereich: verschiedene motorische Handlungsabläufe, alltägliche Handgriffe wie z.B. etwas eingießen, eine Flasche/Dose öffnen;
- Desensibilisierungsprogramm der Ohren;
- Wahrnehmung: Zuordnungsaufgaben (Abbildungen, Farben, Größen), Puzzles legen, unvollständige Bilder zusammenfügen, Tastübungen im Krabbelsack;
- Selbständigkeit: anziehen, ausziehen.

Susanna hat im Laufe der Jahre gute Fortschritte gemacht. Ihr Entwicklungsindex (87) betrug im April 1985 50 Punkte, was einem durchschnittlichen Entwicklungsalter von 25 Monaten entspricht.

5.1.2 Diagnose sensorischer Integrationsstörungen

Zur Erkennung möglicher sensorischer Integrationsstörungen sowie zur Klärung der Frage, ob Susanna als Testperson an der Untersuchung im Rahmen der vorliegenden Arbeit teilnehmen konnte, wurde der Therapeutin zunächst der »Fragebogen zur sensorischen Integration« vorgelegt. Dieser war zuvor speziell für diese Untersuchung entwickelt worden (88).

Folgende Auffälligkeiten veranlaßten uns zu einer weitergehenden Beobachtung:

Bereich Haltung und Bewegung der Grobmotorik: Susanna zeigt einen sehr »poltrigen« oder auch »bäuerlichen« Gang. Sie dreht beim Laufen die Zehen weit nach außen und knickt die Knie leicht, so daß eine Art »O--Bein-Gang« entsteht. Außerdem ist ihr gesamter Bewegungsablauf hypoton; Susanna bewegt sich wenig und ist schnell unsicher. Ebenso sind Kraft und Tempo im Bereich der Hand- und Feinmotorik schlecht dosiert. Ihre taktile Empfindlichkeit erscheint herabgesetzt. Susanna wirkt insgesamt unsicher und ängstlich. Sie greift spontan keine Übungen auf, um diese weiterzuentwickeln, ihr Verhalten ist vorwiegend von Ablehnung geprägt.

Zur Diagnosestellung – unsere Beobachtungen im einzelnen

Nachdem bei unseren ersten Beobachtungen sowie durch die Analyse des von der zuständigen Therapeutin ausgefüllten Fragebogens zur sensorischen Integration signifikante Auffälligkeiten im motorischen Bereich bei Susanna gefunden wurden, begannen wir mit einer eingehenden Untersuchung. Dabei stellte sich das Problem, daß die für die Diagnose sensorischer Integrationsstörungen entwickelten »Southern California Sensory Integration Tests« (SCSIT) bei Susanna nicht zur Anwendung gelangen konnten. Susannas Funktionsniveau (Sprachverständnis, Aufgabenverständnis, Imitationsfähigkeit etc.) reichte zur Durchführung der Testreihe nicht aus. Somit waren wir auf unsystematische klinische Beobachtungen angewiesen, welche wir im März/April 1985 durchführten.

26.3.1985:

a) Haltung und Bewegung im grobmotorischen Bereich (HBG):

– *Rennen: Susanna rennt nicht richtig, sie klatscht beim Auftreten mit der gesamten Fußsohle auf den Boden, es fehlen alternierende Armbewegungen.*

41

- *Laufen über einen Parcours (1 Matratze, 2 Matratzen übereinander, Knubbeldecke, Matratze mit Gegenständen darauf, Brett mit Materialien): Susanna braucht Hilfestellung (anfassen) beim Gehen auf den Matratzen. Ohne Hilfe fällt sie sofort hin. Vor der Knubbeldecke (unklarer Untergrund) weicht sie aus. Insgesamt wirkt sie unsicher, fordert Hilfestellung, Handschweiß tritt auf.*
- *Sprossenwand: Susanna erklettert keine Sprosse.*
- *Auf der Bank laufen (Höhe ca. 20 cm): Susanna steigt nach langem Zögern mit Hilfe und unter lautem Geschrei auf die Bank, sie läuft auch mit Hilfe sehr unsicher, geht schnell wieder herunter, verweigert sich, trampelt auf dem Fußboden.*
- *Lageveränderungen: Auf der Decke gelingt es nicht, Susanna in Rückenlage zubringen, sie ist sehr ängstlich, bei Bewegtwerden treten Autoaggressionen in Form von Schlagen mit den Händen an den Kopf auf; auf den Matratzen nimmt Susanna dann die Rückenlage ein, sie legt allerdings nur ungern den Kopf hin, ebenso ungern macht sie die Beine lang. Bei der Bauchlage hat sie ebenso große Angst und fäustelt vor der Brust.*

b) Wahrnehmungsbereich(WB):

- *Kleine Wippe: Mit viel Hilfestellung (zwei Hände) geht sie ganz kurz darauf. Die Arme liegen eng am Körper an.*
- *Großes Schaukelbrett: Sie will zum Stehen nicht aufsteigen (trotz Hilfen), hat sehr große Angst, nimmt beim Sitzen kaum die Beine vom Boden hoch, zeigt Angstreaktionen auch in ihrer Lieblingssitzhaltung (Schneidersitz).*
- *Spastikerball: In der Bauchlage ist sie relativ angstfrei, sie will sich aber nicht auf den Spastikerball setzen, hat große Angst, verweigert sich, schreit und läuft davon.*
- *Schaukel: Susanna schaukelt gerne, zeigt keine Auffälligkeiten und keine bestimmte Richtungsempfindlichkeit.*

9.4.1985

a) HBG:

- *Bank laufen: Susanna zeigt bereits erste Ansätze zur Verbesserung, sie ist noch recht unsicher, schreit aber nicht mehr, geht langsam mit Hilfestellung.*

42

– *Körpermittellinie (KML).* *Susanna kann die KML nicht überkreuzen. Nimmt sie einen Gegenstand mit der linken Hand, um ihn nach rechts zu bringen, dreht sie den gesamten Oberkörper mit, ohne die KML zu überkreuzen, nimmt sie einen Gegenstand mit der rechten Hand, gibt sie ihn von einer Hand in die andere, um die KML zu überqueren.*

b) Handmotorik (HM):

– *Greifen: Susanna zeigt dabei keine Auffälligkeiten, sie steuert den zu greifenden Gegenstand gut und zielorientiert an.*
– *Graphomotorik: Susanna malt gerade Striche gut. Sie kann Punkte und Kreise nicht malen. Sie ist ungeübt in der Stifthaltung. Sie ist überwiegend rechtshändig.*

c) Tiefensensibilität (TS):

– *Gewichte: Zur Reizung der Gelenke, Sehnen und Muskeln gaben wir Susanna Gewichte von je 1 kg an die Handgelenke. Sie reagierte sehr angstvoll, versuchte diese sofort zu entfernen. An den Füßen ertrug sie die Gewichte etwas länger, ihre Gangart wurde noch etwas »bäuerlicher«.*

Zusammenfassung

Insgesamt beobachteten wir Susanna über einen Zeitraum von sechs Wochen. In dieser Zeit kam sie zwölfmal in die Ambulanz. Neben den Beobachtungseinheiten liefen die normalen Therapieinhalte weiter. Zusammenfassend haben unsere Beobachtungen folgendes ergeben:

1. Susannas gesamte Motorik ist verlangsamt, ihr Muskeltonus hypoton.
2. Der Ablauf ihrer grobmotorischen Bewegungen ist nicht altersentsprechend.
3. Lageveränderungen verursachen Susanna große Probleme.
4. Die Verarbeitung von sensorischem Input im Bereich des Vestibularsystems ist mangelhaft.
5. Susannas Körpereigenwahrnehmung sowie die Verarbeitung propriozeptiver Informationen ist gestört.
6. Die visuell-motorische Koordination erscheint ungeübt.

Abb 1: Vorsichtig tastet sich Susanna über den Parcours.

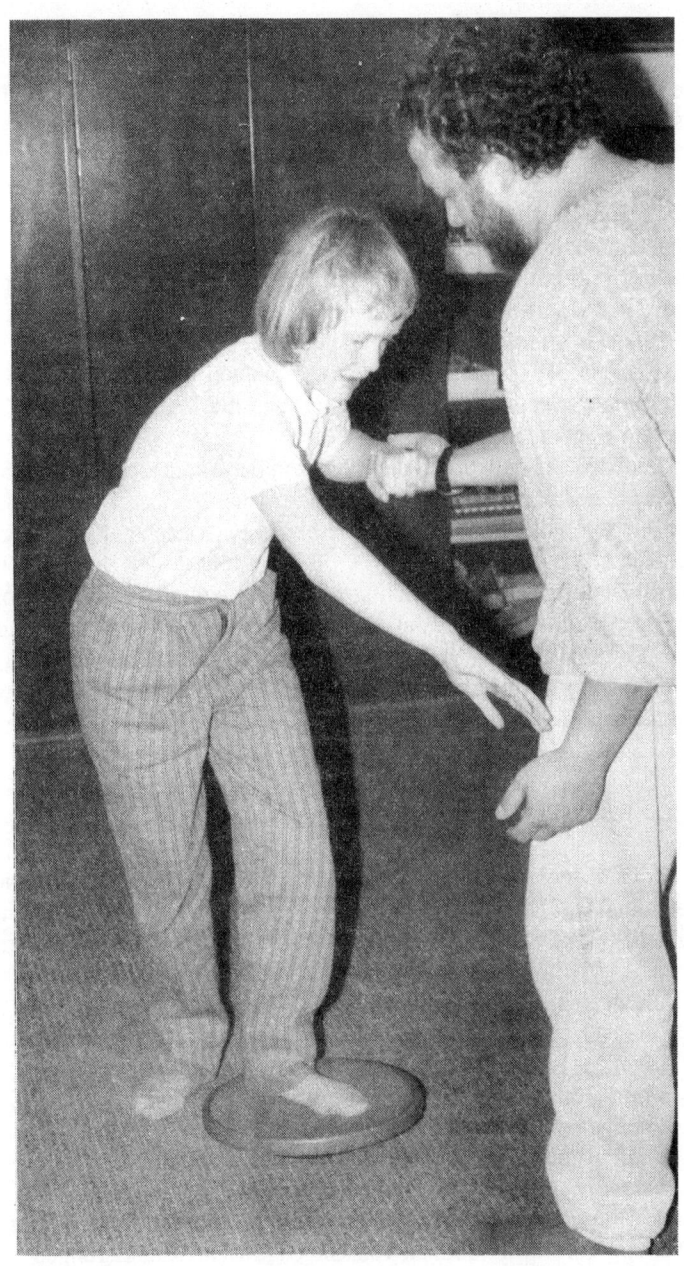

Abb. 2: Zum Aufsteigen auf den Kreisel braucht Susanna Hilfe.

1. Die SCSIT konnten nicht zur Anwendung gelangen, da Susanna nicht das zur Durchführung der Tests erforderliche Niveau aufwies.
2. Während des relativ langen Beobachtungszeitraumes traten bereits Übungseffekte auf, die eine datenmäßige Erfassung der Ausgangslage nicht erlauben.
3. Aufgrund starker Veränderungsängste, mit denen Susanna auf die neuen Inhalte (Beginn der Beobachtungen, Durchführung erster Übungen) reagierte, konnten wir nicht immer genau analysieren, welchen Ursprungs ihr ängstliches und bisweilen autoaggressives Verhalten war. Möglicherweise haben die für sie ungewohnten Übungen im motorischen Bereich nicht immer eine solche Rolle gespielt wie die Veränderung des Therapieablaufes überhaupt.
4. Die Beobachtungen wurden nicht nur von der Therapeutin, an die Susanna bereits gewöhnt war, sondern auch von den Verfassern gemacht. Irritationen durch diese zusätzlich anwesenden Personen sind also möglich.
5. Die Durchführung der meisten Testübungen lag in der Hand der Therapeutin. Diese war aber mit richtiger Hilfestellung und genauer Beobachtung sensorischer Integrationsstörungen zunächst nicht ausreichend vertraut. Dadurch kam es zu Situationen, in denen eine Anleitung der Therapeutin notwendig wurde, was den Therapieablauf unterbrach und ebenfalls zu Irritationen bei Susanna führte.

5.1.3 Zur Durchführung des Trainingsprogramms

Nach der etwa sechswöchigen Beobachtungsphase wurde entsprechend den Beobachtungsergebnissen ein Therapieprogramm zur sensorischen Integration erstellt (89). Dieses Programm gliederte sich in fünf Schwerpunkte.

I.   Übungen zur Verbesserung des Gleichgewichts
II. Übungen zur Verbesserung der visuell-motorischen Koordination
III. Übungen zur Körperwahrnehmung; taktil-kinästhetische und proprioze ptive Stimulation
IV. Übungen zur Erhöhung des Muskeltonus und der Ausdauer
V.   Übungen zur Überkreuzung der Körpermittellinie

Zu I: Die Übungen in diesem Bereich sollten vorwiegend dazu dienen, die Verarbeitung von Informationen von Gleichgewichtsveränderungen zu verbessern und eine entsprechende Körperreaktion hervorzurufen. Als Materialien verwendeten wir die kleine Wippe, das Schaukelbrett und den Spastikerball.

Zu II: Wie die Beobachtungen gezeigt hatten, fehlte Susanna bei motorischen Aktivitäten vor allem der Blickkontakt zum Untergrund (d.h. der relevanten Umgebung) und ihren eigenen Gliedmaßen. Durch Übungen auf der Hindernisstrecke und Laufen auf Bänken sollte, ausgelöst durch den Trainingseffekt, Susannas visuelle Kontrolle verbessert werden.

Zu III und IV: Susannas hypotones Verhalten ging einher mit sehr schlechter Körpereigenwahrnehmung und mangelnder Kontrolle über ihre Bewegungsabläufe. Deshalb sollte Susannas Vorstellung vom eigenen Körper einerseits durch Verstärkung von Eindrücken von außen – Susanna blieb dabei weitgehend passiv – z.B. durch Liegen auf hartem Untergrund oder »Sandwich« aus zwei Matratzen, andererseits durch Verstärkung von Eindrücken von innen – Susanna mußte dabei selber sehr aktiv werden – z.B. durch schnelles Rennen oder Kniebeugen verbessert werden.

Zu V: Die vorgeschlagenen Übungen zur Überkreuzung der Körpermittellinie waren nur als Anregung gedacht. Hier konnte und sollte auf bekannte Therapieinhalte zurückgegriffen werden.

5.1.4 Der Verlauf der Therapie und ihre Probleme

Susanna erhielt von April bis Mitte Juli 1985 zweimal pro Woche je eine Therapiestunde Einzelförderung in der Ambulanz in Bremen. Nach den Sommerferien (ab September 1985) fand die Therapie nur noch einmal wöchentlich statt; allerdings erhielt Susanna nun eine Doppelstunde, wobei diese auf zwei Therapeuten verteilt wurde (pro Therapeut ca. 45 bis 50 Minuten). Die Veränderung nach den Ferien war notwendig geworden, da die Mutter, die bisher nach Bremen gefahren war, dieses nicht mehr weiterführen konnte. Außerdem wechselte Susanna in eine andere Tagesbildungsstätte über, die nach den Sommerferien den Transport einmal in der Woche übernehmen konnte. Die Mitarbeit der Mutter während des gesamten Berichtzeitraumes beschränkte sich auf ein Mindestmaß. Meistens wollte sie nicht an der Therapie teilnehmen, sondern lieber Einkäufe im nahegelegenen Supermarkt machen, Susannas Vater kümmerte sich überhaupt nicht um die Förderung seiner Tochter. Eine Mitarbeit der Behindertentagesstätte, in der Susanna vor den Ferien betreut wurde, fand nicht statt. Da die Einrichtung wegen eines sog. »Behindertenmangels« geschlossen werden sollte – allen Angestellten war gekündigt worden –, waren die Gruppenleiterinnen von Susanna nicht mehr motiviert, in Bremen zu hospitieren oder sonstige Energien in ihre Arbeit zu verwenden. Die Mitarbeit der neuen Tagesstätte gestaltete sich von Anfang an sehr erfolgreich. Durch die regelmäßigen, wöchentlichen Kontakte wurden Übungen aus unseren Therapieprogrammen aufgegriffen, evtl. für die Gruppensituation modifiziert und durch eigene Ideen ergänzt. So führte der Gruppenleiter als Abwandlung der unter III genannten Übungen einen »Wald-und-Wiesen-Parcours« ein. Einmal täglich trainierte er beim Spaziergang das Erklimmen kleiner Hügel, das Krabbeln unter Weidezäunen, das Laufen auf Gras, Blättern, Tannennadeln o.ä., durch Matsch, Pfützen und – im Winter – Schnee.

Das oben dargestellte Trainingsprogramm zur sensorischen Integration wurde von den Therapeuten der Ambulanz nach dem Vorschlag der Verfasser durchgeführt. Dabei hielten sie sich eng an die festgelegten Übungen, variierten aber deren Abfolge. Mehrmals berichteten die Therapeuten, daß sie sich eigentlich nicht kompetent genug fühlten, die Therapie nach Ayres durchzuführen. Zwar waren ihnen die grundlegenden Veröffentlichungen über die sensorische Integrationsbehandlung bekannt, aber bei einer Form der Therapie, »die direkt ins Gehirn einwirkt, übernimmt man eine große Verantwortung« (Zitat eines der Therapeuten). Beide Therapeuten verfügen über langjährige Berufserfahrung in der Arbeit mit autistischen Kindern.

Weitere Probleme stellten sich im Verlauf der Therapie dar: Der Umfang des beschriebenen Programms erwies sich als zu groß. In keiner Stunde konnten alle Übungen durchgeführt werden. Da aber »möglichst viel geschafft« (Zitat) werden sollte, traten bisweilen Überforderungssituationen ein, weil die Therapeuten unbewußt mehr von Susanna forderten, als diese von sich aus geleistet hätte.

Eine besondere Schwierigkeit bestand darin, Susanna die Aufgabenstellung zu vermitteln. Meistens verstand sie nicht, was von ihr verlangt wurde. Handführung und Hilfestellung führten meist dazu, daß sie sich an den Therapeuten klammerte und so niemals eigene Erfahrungen – ohne Therapeutenhilfe – mit dem Material machen konnte.

Außerdem bestand Susanna auf immer gleichen Abläufen bei den Aufgaben. Ihre massiven Veränderungsängste ließen ein verändertes Herangehen an eine Übung, die Hinzunahme eines weiteren Materials oder eine Erweiterung der Übung nicht zu. So konnte z.B. nicht geklärt werden, ob bei der Übung II.3 ihr die Größe der Zwischenräume zwischen den Bänken (5 cm – 10 cm – 15 cm – usw.) oder die Veränderung der Zwischenräume an sich mehr Ängste verursachten.

Auch war eine Hospitation bzw. Supervision der Verfasser bei der Therapie fast gänzlich ausgeschlossen. Susanna arbeitete nur dann wie gewohnt mit, wenn sich die zusätzlich anwesende Person außerhalb ihres Blickfeldes befand.

Letztendlich muß noch ein Problembereich angesprochen werden, der nicht unmittelbar mit Susanna zu tun hat, aber beim Verlauf der Therapie zum Tragen kam: Eine sensorische Integrationsbehandlung nach Ayres wurde vor Beginn unserer Untersuchung in der Ambulanz nicht durchgeführt. Als diese relativ neue Methode ins Gespräch kam und in der folgenden Zeit auch konkret zur Anwendung gelangte, löste sie bei den Therapeuten – sicherlich unbewußt – hohe Erwartungen aus. Es könnte ja eventuell gewisse »Wunderwirkungen« geben. Diese traten natürlich nicht ein. Die durch einen gewissen Neuheitseffekt bei den Therapeuten in Bewegung geratenen Hoffnungen auf schnelle Erfolge wurden sehr bald auf den Boden der Realität zurückgeholt. Einem aufmerksamen Beobachter der Therapeuten-Kind-Interaktion blieben diese Gefühle und Enttäuschungen nicht verborgen. Durch intensive Gespräche nach den Supervisionsstunden sowie Wochenendseminare oder abendliche Treffs zum Thema »Selbsterfahrung mit/in der Therapie« konnten die Konflikte aufgearbeitet werden.

Wir fassen die Probleme wie folgt zusammen:

1. Starke Veränderungsängste, d.h. ein Persistieren auf immer gleichen Abläufen, Materialien, Situationen und Personen beschränkten den Therapieverlauf auf die Durchführung eines starren Programms.
2. Die Mitarbeit der Eltern und teilweise auch der Behinderteneinrichtung war gering.
3. Die Therapeuten waren mit Theorie und Praxis einer sensorischen Integrationsbehandlung nach Ayres nach ihrem persönlichen Empfinden nicht ausreichend vertraut.
4. Der Umfang des von den Verfassern entworfenen Therapieprogramms war zu groß.
5. Die Vermittlung der Aufgabenstellung scheiterte immer wieder an Susannas eingeschränktem Sprachverständnis.
6. Die persönliche Erwartungshaltung der Therapeuten beeinflußte den Fortgang der Behandlung erheblich.
7. Die Durchführung des Programms wurde von den Therapeuten bisweilen als »langweilig und stur« (Zitat) empfunden. Wesentlicher Grund dafür war, daß Übungen und Aufgaben nicht in einen inhaltlichen Zusammenhang, z.B. Spiel, eingebaut werden konnten, da Susanna keinerlei Spielverhalten zeigte.

5.1.5 Die Ergebnisse der Therapie

Die Ergebnisse und Erfolge der von uns von April 1985 bis zunächst November 1985 durchgeführten sensorischen Integrationsbehandlung bei Susanna gliedern sich im wesentlichen in zwei Schwerpunkte:

1. Erfolge bei der Bewältigung der konkreten Übungen (sog. Trainingseffekte) und
2. Ergebnisse, die aus der Problematisierung des Therapieverlaufs, der Erfolge (s.o.) bzw. Mißerfolge und unserer Reflexion dieser Sachverhalte entstanden.

Während der Trainingsphase hat Susanna Fortschritte bei allen ihr gestellten Aufgaben gemacht. Insgesamt ist die Therapiesituation entspannter und fröhlicher geworden, Susanna arbeitet motiviert mit und hat die Aufgabenstellung überwiegend verinnerlicht. Bei Übungen zur Überkreuzung der Körpermittellinie treten nur noch Probleme auf, wenn sie die rechte Hand auf die linke Seite hinüberbewegen muß. Alle anderen Überkreuzungen gelingen zufriedenstellend. An der Sprossenwand erklimmt Susanna heute mindestens eine Sprosse. Das Stehen auf der kleinen Wippe bereitet ihr große Freude. Sie benötigt zwar meist noch Hilfestellung (Anfassen der beiden Hände), steht aber auch kurze Zeit frei. Lediglich beim Aufsteigen auf die Wippe hat sie Schwierigkeiten.

Übungen auf und mit dem großen Spastikerball machen Susanna heute mehr Freude als zu Beginn unserer Behandlung. Sie holt sich den Ball bisweilen selber heran, hat keine Angst in Bauchlage darauf zu liegen, stützt sich nach vorne mit den Händen ab. Problematisch ist allerdings ein Wechseln von Bauchlage und Sitzen. Obwohl Susanna auch gerne oben auf dem Ball sitzt, will sie nicht sitzen, wenn sie vorher gelegen hat und umgekehrt.

Beim Laufen über einen (festgelegten) Parcours zeigt Susanna immer noch starke Angstreaktionen. Das Einnehmen von Bauch- bzw. Rückenlage hat sich gebessert, allerdings scheint es so, als seien ihr diese Körperstellungen nach wie vor unangenehm.

Trotz sehr intensiver therapeutischer Behandlung und des relativ langen Therapiezeitraumes waren die Ergebnisse für uns und die Therapeuten nicht zufriedenstellend. Aus diesem Grund führten wir im November 1985 erneut eine kurze Beobachtungsphase durch, in der wir die Ursache für das langsame Fortkommen von Susanna zu ermitteln hofften. Diese Beobachtungen ergaben folgendes:

1. Susanna war anscheinend mit den Übungen häufig überfordert. Sie beherrschte zwar bestimmte Aufgaben (z.B. Stehen auf der Wippe), die Fähigkeiten blieben aber weitgehend antrainiert. Sobald sich die Situation auch nur unwesentlich veränderte, war das »gelernte« Verhalten nicht mehr abrufbar.
2. Susanna hatte trotz vielen Übens keinerlei Eigenmotivation entwickeln können. Sie machte die Übungen mit, jedoch immer nur auf Aufforde-

rung. Niemals versuchte sie von sich aus, auf die Wippe oder die Bank zu steigen. Meist stand sie nach Beendigung der Übung vor dem Therapeuten herum. So wurde uns deutlich, daß wir nicht Susannas Eigenaktivität und Erweiterung ihrer Handlungskompetenz gefördert, sondern ihre Fixierung auf Betreuungspersonen verfestigt hatten.

3. Da das Therapieprogramm so umfangreich war, daß nicht alle Übungen während einer Therapiestunde durchgeführt werden konnten, griffen sich die Therapeuten immer einige Übungen heraus. Das führte zu andauernden Strukturveränderungen und Abläufen. Susannas Veränderungsängsten wurde so Vorschub geleistet.

4. Bei den Übungen auf dem Boden (Einnehmen von Bauch- und Rücklage) kam es zuweilen zu regelrechten Ringkämpfen, wenn es darum ging, daß Susanna sich von einer Lage in die andere bewegen sollte, dies aber nicht tun mochte oder konnte. In einem Gespräch mit einer Krankengymnastin erhielten wir hilfreiche Hinweise, wie wir die Situation angstfreier gestalten konnten.

Zusammenfassung

Aufgrund der oben dargestellten Ergebnisse des Therapieverlaufs und der Beobachtungsphase im November 1985 entwickelten wir einen völlig neuen Therapieplan mit veränderten Schwerpunkten:

1. Zurücknehmen der Anforderungen;
2. Verminderung der Anzahl der Übungen;
3. Verbesserte – für Susanna leichter durchschaubare – Struktur;
4. Förderung von Eigeninitiative, Schaffung von Freiräumen; Beachtung der Motivationslage;
5. Wenige Übungen, dafür aber phantasievolle Ausgestaltung und kreativer Einsatz der vorhandenen Mittel;
6. Stärkere Beachtung des hierarchischen Prinzips, d.h. leichte Übungen sollen absolut sicher und angstfrei beherrscht werden, bis dann zu weniger leichten übergegangen werden kann.

Diese unter 1. bis 6. formulierten Prinzipien mündeten in einem aktualisierten Programm, nach dem ab Mitte November 1985 gearbeitet werden sollte (90). Leider brach Susanna sich Anfang Dezember das rechte Bein und mußte bis Ende des Jahres das Bett hüten. Die Therapie wurde daher unterbrochen.

5.2 Kind II: Sebastian, geb. 1975

5.2.1 Zur Ausgangssituation

a) Krankengeschichte   *10 Jahre.*

Sebastian wurde 1975 als siebtes von 8 Kindern geboren. Die Mutter äußerte bereits 1976 den Verdacht auf eine Behinderung. Im März 1977 kam Sebastian wegen akuter Unterernährung und einem besonders vernachlässigten Zustand in eine Kinderklinik. Dort wurde 1977 (im Alter von 26 Monaten) die Diagnose »Kindlicher Autismus« (Verdacht auf Asperger-Syndrom) gestellt. Kurz darauf erfolgte eine Überweisung in ein Kirchliches Pflegeheim für körperlich und geistig Behinderte. Der Mutter wurde das Sorgerecht entzogen, der Junge zur Adoption freigegeben.

Im Gutachten des Pflegeheims vom 10.3.78 wird folgendes berichtet: Das Schlaf-EEG ist leicht unspezifisch pathologisch verändert. Sebastian kann nicht sitzen oder stehen und verfügt über eine unvollständige Kopfkontrolle. Durch therapeutisches Angebot in Form von Schwimmen und Krankengymnastik erlernt er in kurzer Zeit diese Fähigkeiten. Eine autismusspezifische Therapie erhält Sebastian nicht.

Am 1.12.1977 kam Sebastian als Pflegekind in die Familie R. in der Nähe von Osterholz-Scharmbeck. Die Pflegemutter berichtete, daß er bei der Entlassung aus dem Pflegeheim weder sitzen, krabbeln, noch stehen o.ä. konnte. Lediglich ausgeprägte Rückenlage war ihm angenehm, sein Hinterkopf wies kahle Stellen auf; die Haare waren durch ständiges Liegen abgeschabt. Sebastian wurde in der Ambulanz am 11.4.1983 erstmalig vorgestellt. Es dauerte fast zwei Jahre, bis sich die verschiedenen, für ihn zuständigen Behörden über eine Kostenübernahme der Therapie in der Ambulanz einig waren. Die Förderung durch die Ambulanz begann am 22.2.1985.

b) Therapieverlauf / Beobachtungen / Entwicklungsstand

Sebastian verhielt sich von Anfang an in der Ambulanz relativ unauffällig und angstfrei. Entweder saß er während der Gespräche mit den Eltern/der Mutter ruhig auf dem Sofa oder »stand etwas verloren in der Gegend herum«. Auffällig war und ist, daß Sebastian fast gar nicht seine Umgebung erforscht und keinerlei Neugierverhalten zeigt. Bei den wenigen Erkundigungen, die er unternimmt, benutzt er vor allem die Hände, allerdings meist ohne Sichtkontrolle. Sebastian reagiert gut auf Ansprache, versteht einfache Aufforderungen und wirkt überaus freundlich. Er zeigt viele ausgeprägte Stereotypien mit den Händen – meist visueller Art.

52

Sprache / Kommunikation

Sebastian echolaliert einzelne Worte, Sprach- und Satzmelodien, manchmal leicht verzögert und unverständlich. Er versteht einfache Aufforderungen wie: »Komm her, setz dich, gib her, mach die Tür auf, hol' deine Schuhe« etc. Allerdings versteht er nicht: »Wo ist ...? Was ist das? Zeige mir ...; gib mir ...«

Seine Lautierungen sind überwiegend unverständlich, ergeben nur für Eingeweihte einen Sinn.

Arbeitsverhalten / Stimuluskontrolle

Sebastian folgt dem Therapeuten willig ins Therapiezimmer und nimmt auf Aufforderung einen bestimmten Platz ein. Seine Stereotypien – insbesondere der Hände – bei Arbeiten am Tisch sind allerdings recht heftig und daher störend. Sebastian kann sich nicht auf eine Aufgabe konzentrieren und verfällt bei fehlender positiver Rückmeldung oder gar Korrekturen durch denTherapeuten sofort in noch heftigere Stereotypien bis hin zu leichten Autoaggressionen oder Schlagen, Bespucken oder Kratzen des Therapeuten.

Bereiche Hygiene, Bekleidung, Nahrung (HBN) und Musik

Sebastian mag gerne Musik. Manchmal summt er Melodien von Kinderliedern vor sich hin. Er kennt auch die Bedienung aller einfachen Musikinstrumente wie Trommel, Rassel, Xylophon etc. und benutzt diese gerne. Er kann sich nahezu alleine an- und auskleiden, kennt Knoten, Reißverschlüsse und Knöpfe. Sebastian benutzt die Toilette und ist trocken und sauber. Sich waschen und alle anderen Tätigkeiten der Körperhygiene beherrscht er noch nicht, allerdings ist ihm dieses wegen einer starken Allergie an Armen und Beinen auch häufig unangenehm. Sebastian kann alleine essen, er erforscht fremde Speisen zuvor durch vorsichtiges Daran-Riechen.

Wahrnehmung / Kognition

Sebastians Leistungsniveau in diesem Bereich ist insgesamt sehr niedrig. So kann er einfache Zuordnungsaufgaben (Gegenstand zu Gegenstand) nicht lösen, keine Formen und Farben erkennen. Er verfügt über keinen Mengenbegriff und kann keine Qualitäten diskriminieren.

Im P.E.P. – Entwicklungs- und Verhaltensprofil (91) erreichte Sebastian einen Entwicklungsindex von 25 (das entspricht einem Entwicklungsalter von 2,2 Jahren). Beim »Psychosozialen Entwicklungsgitter« (92) erreichte er 37,75 Punkte. Das entspricht einem Entwicklungsstand von ca. 19 Monaten.

5.2.2 Diagnose sensorischer Integrationsstörungen

Sebastians Leistungshoch liegt nach den oben genannten Tests eindeutig im grob- und feinmotorischen Bereich. Dennoch sind seine motorischen Fähigkeiten keinesfalls altersentsprechend. Im Gegenteil, Sebastian wirkt sehr unbeholfen, unbeweglich und ängstlich.

Da diese Störungen sehr offensichtlich zu erkennen waren, entschieden wir uns bereits zu einem frühen Zeitpunkt für Sebastians Teilnahme an dieser Untersuchung. Unsere ersten Beobachtungen hinsichtlich möglicher sensorischer Integrationsstörungen begannen wir am 1.3.1985.

Zur Diagnosestellung – unsere Beobachtungen im einzelnen

1.3.1985

a) Haltung und Bewegung der Grobmotorik (HBG):

– *Gehen/laufen: Sebastian hat einen ungewöhnlichen Gang, er setzt die Füße nicht sicher auf, macht um Hindernisse eher einen Bogen, als sie zu überwinden.*

b) Wahrnehmungsbereich (WB):

– *Schaukeln im Liegen: Sebastian zeigt keine Angstreaktionen bei Vor- und- zurück-Bewegung, aber vermehrte Stereotypien, insbesondere der Hände und Arme.*
– *Kleine Wippe: Die Füße stehen viel zu eng beieinander. Sebastian fällt sofort um, klammert sich am Therapeuten fest, knickt in der Hüfte ab.*
– *Großes Schaukelbrett (im Sitzen): Er reagiert ängstlich, gleicht Bewegungen des Brettes nicht aus, hält sich fest. (Im Stehen): Die Beine stehen eng beisammen in X-Bein-Stellung. Sobald das Brett sich bewegt, klammert er sich fest, fällt.*

- *Spastikerball (im Liegen): Sebastian reagiert sehr ängstlich, schreit bei Bewegung des Balles, zeigt keine Abstützreaktionen. (Im Sitzen): Sebastian sitzt relativ sicher, braucht geringere Hilfestellung, zeigt wenig Angstreaktionen, gleicht ansatzweise die Ballbewegungen aus.*
- *Ertasten (großes Tastbrett): Er untersucht die Materialien kaum, hat nahezu keinen Blickkontakt zu den Händen.*

26.4.1985

a) HBG und WB:

- *Kleine Wippe: Er ist sehr unsicher, braucht beide Hände des Therapeuten zum Festhalten, fällt beim Loslassen sofort um (beugt den Oberkörper zu weit vor und knickt dann ab).*
- *Großes Schaukelbrett: Er verweigert zunächst das Aufsteigen, ist sehr ängstlich, setzt dann einen Fuß auf das Brett. (Im Sitzen): Sobald die Beine nicht mehr den Boden berühren und das Brett leicht bewegt wird, fällt er mangels ausreichender Ausgleichsbewegungen herunter.*
- *Spastikerball: Die Bauchlage verursacht bei ihm große Angst. Sebastian protestiert, weint und jammert, zeigt Angstreaktionen schon bei minimalen Bewegungen. (Im Sitzen): Sebastian zeigt sich auf dem Spastikerball zwar ängstlich, bleibt aber sitzen.*
- *Pedalo fahren: Im Stehen zeigt er keine Auffälligkeiten, bei Bewegung fällt er sofort nach vorn über.*
- *Therapiekreisel: Sebastian bleibt darauf stehen, solange er vom Therapeuten am ganzen Körper gehalten wird. Bei einhändiger Hilfe gelingt ihm das Aufsteigen nicht.*

b) Taktil-kinästhetischer Bereich (TKB):

- *Rückenlage mit nackten Beinen: Sebastian zeigt selbst bei kräftigem Beklatschen der Beine kaum eine Reaktion. Er nimmt von folgenden Vorgängen kaum Notiz: Beine mit Säckchen beschweren, mit Schwamm bereiben, kneten, schütteln.*
- *Rasierschaum: Sebastian reagiert spät, ist erfreut, bemerkt den Schaum, benutzt die Hände zum Verreiben mit Hilfestellung. Die Haut weist während und nach der Behandlung keine Verfärbung auf.*

Zusammenfassung

Neben den oben genannten Beobachtungen analysierten wir außerdem die Ergebnisse des »Fragebogens zur sensorischen Integration«. Daraus ergab sich folgendes Bild: Sebastian kennt die Benutzung von Papier und Stift, er kritzelt auch für kurze Zeit, kann aber keine Linien ziehen oder vorgegebene Muster imitieren. Eine eindeutige Lateralität ist ausgebildet. Er bevorzugt rechts. Seine Imitationsfähigkeit ist insgesamt mangelhaft. Grobmotorische Imitationen gelingen ihm zumeist, jedoch ist die Präzision nicht immer zufriedenstellend. Sebastian imitiert spiegelverkehrt.

Olfaktorische Besonderheiten konnten wir nicht feststellen.Wie bereits erwähnt, wirkt Sebastians Motorik recht unbeholfen. Seine Beine sind wenig beweglich, die Dynamik der Bewegungsabläufe von der Hüfte an abwärts scheint gestört. Die Muskulatur der Oberschenkel und der Waden ist schlecht ausgebildet, die Fußgelenke müssen durch hohe Stiefel gestützt werden.

Sebastians Wahrnehmungsfähigkeit im propriozeptiven sowie taktil-kinästhetischen Bereich der unteren Extremitäten ist herabgesetzt. Selbst starke Reizung der Hautoberfläche oder tiefer liegender Schichten bewirkt kaum eine Reaktion (z.B. Hautrötung).

Außerdem fehlen bei Sebastian ausreichende Abstütz- und Schutzreaktionen.

In Verbindung mit einer teilweisen Verarbeitungsstörung vestibulärer Informationen wirkt sich die oben dargestellte Unbeweglichkeit verhängnisvoll aus: Sebastian bewegt sich insgesamt zu wenig, er sitzt die überwiegende Zeit des Tages im Sessel, exploriert nicht seine Umgebung und kann daher nicht in ausreichendem Maße am Alltagsleben teilnehmen. Wir hielten aus diesen Gründen eine Behandlung für unbedingt notwendig.

Problemfelder bei der Diagnosestellung

Während unserer Beobachtungen stießen wir auch bei Sebastian auf bestimmte Probleme:

1. Sebastian kam zu Beginn unserer Untersuchung neu in die Ambulanz. Das führte zunächst dazu, daß er in der fremden Umgebung unsicher und ängstlich war. Auch die Therapeuten mußten sich erst einmal mit ihm »anfreunden«.
2. Der Aufbau einer tragfähigen Beziehung hatte Vorrang vor dem Durchführen bestimmter Testaufgaben. Die Diagnosephase brauchte daher mehr Zeit als bei anderen Kindern.

3. Sebastian hat eine ungewöhnliche Krankheitsgeschichte. Uns lagen nur wenige Berichte anderer Institutionen vor, die wir in unsere Untersuchung mit einbeziehen konnten.
4. Sebastians heftige Allergie am gesamten Körper erschwerte die Tests im taktil-kinästhetischen Bereich.
5. Sebastians Sprachverständnis ist eingeschränkt. Er versteht nur wenige Aufforderungen. Die Vermittlung von Übungsaufgaben gestaltete sich daher problematisch.
6. Sebastians Niveau reichte nicht aus, um die SCSIT mit ihm durchzuführen.
7. Sebastian benötigte sehr kontinuierliche und deutliche Rückmeldungen über Erfolg und Mißerfolg. Die Verwendung von materiellen Verstärkern erwies sich als notwendig.

5.2.3 Zur Durchführung des Trainingsprogramms

Nach der ca. achtwöchigen Beobachtungszeit (Anfang März 1985 bis Ende April 1985) entwickelten wir in Absprache mit der Pflegemutter und den Lehrerinnen der Sonderschule ein spezielles Trainingsprogramm (93). Dieses hatte nachstehend genannte Schwerpunkte.
1. Übungen im taktil-kinästhetischen Bereich (Beine/Füße)
2. Übungen zum Training der Vestibulärverarbeitung
3. Übungen zum Training der Stütz- und Schutzreaktionen
4. Übungen zur Verbesserung der Imitationsfähigkeit

Zu Punkt 1: Die Übungen zur vermehrten Stimulation der Beine und Füße waren nicht an eine spezielle Situation und ein spezielles Material gebunden. Sie konnten daher von der Mutter und der Schule aufgegriffen werden. In der Badewanne, beim Sport- bzw. nach dem Schwimmunterricht (soweit Sebastian wegen seiner Allergie daran teilnehmen konnte) ergaben sich zahlreiche Gelegenheiten, Beine und Füße einzureiben, abzurubbeln, abzureiben usw.

Zu Punkt 2 und 3: Die Übungen in diesen beiden Bereichen – das hatte die Beobachtungsphase gezeigt – verursachten Sebastian schnell große Angst. Eine Überstimulation bzw. Koppelung von Angst und Bewegung sollte aber unter allen Umständen vermieden werden, um Sebastian nicht die Freude an motorischen Aktivitäten von vornherein zu nehmen. Diese Übungen wurden daher nur von erfahrenen Fachkräften in der Ambulanz durchgeführt.

Zu Punkt 4: Unsere Ergebnisse ließen vermuten, daß Sebastian wegen

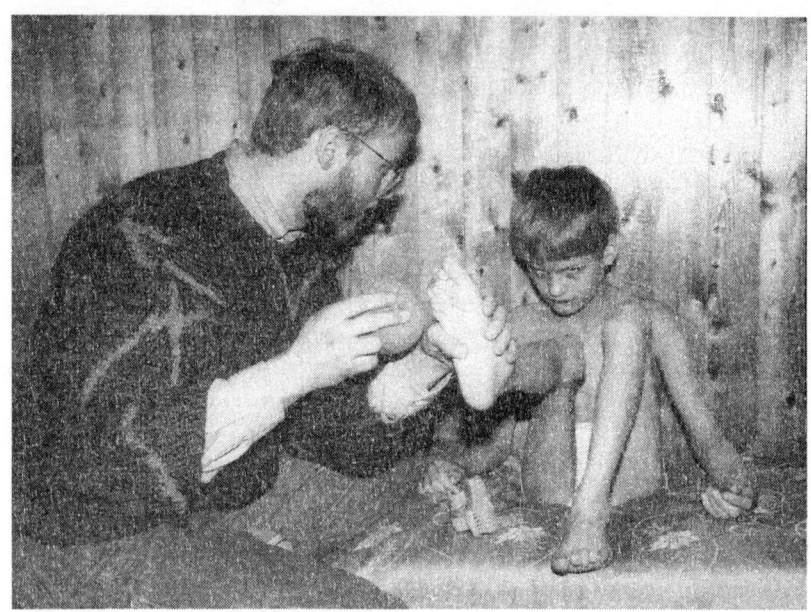

Abb. 3: Sebastian lernt seine Füße kennen ...

seiner unvollkommenen Bewegungsplanung und schlechten Vorstellung vom eigenen Körperschema nicht exakt imitieren konnte. Die unter den Punkten 1 bis 3 genannten Übungen bearbeiten u.a. diese beiden Bereiche. Parallel dazu begannen wir mit leichten motorischen Imitationsübungen am Tisch (z.B. in die Hände klatschen, Arme heben etc.). Im weiteren Therapieverlauf sollte dann mehr und mehr der ganze Körper in die Übungen miteinbezogen werden.

5.2.4 Verlauf der Therapie und ihre Probleme

Sebastian erhielt wöchentlich zwei Therapiestunden in der Ambulanz in Bremen (jeweils montags und freitags). Die »Montagsstunden« und »Freitagsstunden« wurden von unterschiedlichen Therapeuten erteilt.

Während der Therapie waren entweder die Pflegemutter oder eine Lehrerin aus der Sonderschule anwesend. Dadurch fand eine stete, gute Zusammenarbeit statt, und ein reger Austausch über Erfolge und Entwicklungen war gewährleistet.

Abb. 4: ... und seine Beine.

In den ersten Stunden war es sehr schwierig, Sebastian zur Mitarbeit zu bewegen. Er zeigte sehr heftige Stereotypien mit den Händen, bespuckte Möbel und Therapeuten und warf Therapiematerial umher. Es erwies sich als hinderlich, daß wir uns gleich zu Anfang (so)viel vorgenommen hatten (neben dem Sonderprogramm zur sensorischen Integration gab es noch einen anderen Therapieplan mit Übungen am Tisch u.ä.). Erste sichtbare Erfolge erzielten wir bei den unter 1 genannten Übungen. Sebastian hatte viel Spaß am Verschmieren von Rasierschaum und Cremes auf seinen Beinen, betrachtete und befühlte seine Füße ausgiebig.

Insgesamt erhielt Sebastian bis zur Sommerpause zwanzig Therapiestunden. Nach den Ferien modifizierten wir das Programm aus folgenden Gründen:

- Es hatte sich als unpraktikabel und einengend herausgestellt, die verwendeten Materialien auf die aufgelisteten zu beschränken (94).
- Neues Material (Massageöl, Kugelbecken) war hinzugekommen (95).
- Im laufenden Programm hatten wir mehrere »Funktionen« am gleichen Gerät zu üben versucht. Dies führte aber zu Verwirrung bei Sebastian und den Therapeuten.

Abb. 5: Langsam steigt Sebastian auf die Wippe.

Abb. 6: Nachahmen von Fingerstellungen

– Die Inhalte waren bisher nicht hierarchisch aufeinander aufbauend konzipiert. Dadurch war es mehrfach zu Überforderungssituationen gekommen. Nach dem modifizierten Programm wurde ab September 1985
  gearbeitet (96).

Die Probleme der Therapie mit Sebastian fassen wir wie folgt zusammen:

1. Das zunächst entwickelte Therapieprogramm erwies sich als teilweise
   zu differenziert (97), teilweise zu undifferenziert (z.B. bereiteten Sebastian nicht alle Lageveränderungen Schwierigkeiten, sondern nur eine
   von drei möglichen Richtungsveränderungen).
2. Das Benutzen gleichen Therapiematerials für unterschiedliche Übungsteile führte zu Irritationen.
3. Die Mitarbeit der Pflegemutter führte bisweilen zu Überforderungssituationen für Sebastian, da sie häufig besondere Leistungen von ihm erwar-
   tete.
4. Sebastians eingeschränktes Sprachverständnis und seine allgemeine Retardierung erforderte ein sehr behutsames Heranführen an die Aufgaben.

5. Die Übungen konnten nicht in Spielsituationen eingebaut werden, da Sebastian kein Spielverhalten zeigte (98).
6. Die beschriebenen Therapieinhalte konnten nicht alle in der Sonderschule fortgesetzt werden, da Sebastian keinen Einzelunterricht erhielt.
7. Weitere Probleme ergaben sich im Verlauf der Therapie durch die Fortschritte, die wir in Sebastians Entwicklung verzeichneten (99).

5.2.5 Ergebnisse der Therapie

Die an dieser Stelle beschriebenen Ergebnisse der von uns im Zeitraum April bis November 1985 durchgeführten sensorischen Integrationsbehandlung können nicht als Endresultat eines abgeschlossenen Therapieprogramms gewertet werden. Vielmehr stellen sie ein vorläufiges Zwischenergebnis dar und beleuchten schlaglichtartig Sebastians mögliche weitere Entwicklung in Richtung auf die von uns langfristig angestrebten Ziele. Mit Blick auf die Schwere von Sebastians allgemeinem Entwicklungsrückstand und sein relativ hohes Alter zu Beginn der Therapie sind die bisherigen Fortschritte geradezu als sensationell zu bezeichnen. Eine erste Rückmeldung kam von der Pflegemutter: Sebastian sei an einem Samstagabend – die Pflegeeltern waren zu einer Feier eingeladen, Sebastian war allein zu Hause – ganz gegen seine Gewohnheit noch einmal aus seinem Bett aufgestanden. Er ging ins Badezimmer und untersuchte dort alle herumstehenden Cremedosen, Lotionflaschen, Parfümzerstäuber etc. Sorgfältig rieb er sich nacheinander Schicht für Schicht die Beine und Füße mit den Mitteln ein, bis er selbst sowie das Badezimmer kaum wiederzuerkennen waren.

Als nächstes berichtete die Mutter einige Wochen später, Sebastian liefe so viel im Haus und ums Haus herum (vorher hatte er einen einmal zugewiesenen Platz von sich aus nicht verlassen). Dabei versuche er, dem vierjährigen Enkelkind der Pflegemutter die Schaukel im Garten streitig zu machen, hielte sich auffällig oft in der Nähe der Kaninchenställe auf, um sich dort Kartoffelschalen und Löwenzahnblätter in den Mund zu stopfen. Außerdem hatte sie mehrmals beobachtet, wie Sebastian, in der Sonne auf dem Rücken liegend, mit seinen Händen und Füßen gespielt habe, wobei er ab und an Gras aus dem Boden gerissen habe und dieses ebenfalls in großen Mengen in den Mund stopfte. Auf Nachfragen unsererseits berichteten die Lehrerinnen über ähnliche Entwicklungen in Sebastians Verhalten (z.B. erlernte er dort das Fahrrad fahren!)

In der Ambulanz beobachten wir heute, daß Sebastian nach der ca. 50-minütigen Behandlung sehr viel mehr lautiert als vor der jeweiligen Behandlung. Er imitiert Sprache deutlicher und vermehrt, äußert Wünsche, stellt Fragen durch Sätze wie: »Leg dich hin?!«, »zieh Dich an?!« etc. Seine anfängliche Furcht bei den Übungen hat sich in Freude verwandelt, das Wegräumen von Therapiematerial kommentiert er mit ungnädigen Lauten, holt selber Material heran (z.B. den Spastikerball) und arbeitet weitgehend ohne materiellen Verstärker.

Zu Hause läuft er inzwischen nicht nur vermehrt herum, er verläßt die Wohnung sogar selbständig, geht zu den Nachbarn (wobei er eine Baustelle mit zahlreichen Hindernissen wie Sandhügeln, herumliegenden Brettern und Steinen passieren muß), klingelt dort an der Haustür und verlangt danach, Wasser trinken zu dürfen.

Es scheint uns gerade so, als hätte unsere Behandlung das Nachholen einer frühkindlichen Entwicklung in Gang gesetzt.

Trotz all dieser erfreulichen Fortschritte dürfen wir aber keinesfalls verkennen, daß Sebastian immer noch weit davon entfernt ist, die Bewegungsfähigkeit und motorische Koordination eines zehnjährigen Kindes zu zeigen. Auch hier ist eine Entwicklung nur in Gang gesetzt worden, deren Fortgang Gegenstand späterer Beschreibungen sein wird.

5.2.6 Interpretation der Ergebnisse/Probleme der Erfolgskontrolle

Die im Abschnitt 5.2.5 dargestellten Zwischenergebnisse sind geprägt von ihrer beschreibenden, teilweise recht blumigen Form. Allen Betreuern von Sebastian sind seine Fortschritte unverkennbar, jedoch erscheint es uns unmöglich, diese zu quantifizieren. Auch die im November durchgeführten Tests (100) brachten keine besonderen Ergebnisse: Sebastian hat sich in allen Bereichen etwas weiterentwickelt, jedoch sind die Steigerungen nicht signifikant.

Ein besonderes Problem stellte sich im Verlauf der Therapie durch die Erfolge ein (101): Dadurch, daß Sebastian mehr Aktivität zeigte, herumlief, Cremes und Rheumasalbe verschmierte, Kaninchenfutter aß oder Nachbarn »belästigte«, war er nicht mehr so »pflegeleicht« wie zuvor. Das veranlaßte uns zu mehreren klärenden Gesprächen mit der Pflegemutter. Es zeigte sich dabei, daß ihre Einstellung zu Sebastians Aktivitäten sehr ambivalent war. Einerseits machte er nun mehr Arbeit »und stellte was an« (Zitat der Mutter), andererseits hatte sie durchaus die Ähnlichkeit mit der Entwicklung ihres eigenen Enkelkindes (ca. vier Jahre alt, auch im Hause wohnend) bemerkt und war froh über jede Veränderung bei Sebastian überhaupt. Im Rahmen der regulären Elternarbeit der Amulanz wurde dieser Problembereich wiederholt aufgegriffen und mit der Pflegemutter bearbeitet.

5.3 Kind III: Corinna, geb. 1969

Th ab 10 Jh.. (handschriftlich)

5.3.1 Zur Ausgangssituation

a) Krankengeschichte

Corinna wurde 1969 als drittes von drei Mädchen geboren. Als sie ca. 10 Monate alt war, stellte die Mutter erstmalig Auffälligkeiten fest. Corinna sträubte sich gegen Zärtlichkeiten und plapperte nichts nach. Im November 1972 wurde die Diagnose »Autismus« gestellt; ab Juni 1976 besuchte Corinna eine Tagesbildungsstätte für Geistigbehinderte. Im Februar 1978 wurde sie in der Ambulanz erstmals vorgestellt, etwa ein Jahr später (Corinna war nun bereits fast 10 Jahre alt) konnte mit der Therapie begonnen werden. Bis zu diesem Zeitpunkt hatte Corinna keine behinderungsspezifische (Einzel-)Therapie erhalten.

b) Therapieverlauf / Beobachtungen / Entwicklungsstand

Corinna ist ein ausgesprochen freundliches Kind. Obwohl sie weder über eine aktive noch passive Sprache verfügt – sie versteht lediglich ihren Namen – äußert sie ihre – überwiegend gute – Stimmung durch ein begrenztes Repertoire von Lauten wie Brummen, Grunzen, Stöhnen u.ä. Als Corinna der Ambulanz vorgestellt wurde, war sie nicht sauber und trocken, konnte nicht allein essen, sich nicht aus- oder anziehen, keine Hantierungen beidhändig ausführen und war nicht in der Lage, irgendeiner sinnvollen Beschäftigung nachzugehen. Meist lief sie ziellos umher, ließ sich Sand oder Kieselsteine durch die Finger rieseln oder knisterte mit Plastiktüten. Im Laufe der Jahre hat Corinna die verschiedenen Therapieprogramme mit unterschiedlichem Erfolg absolviert. So hat sie gelernt, sich an- und auszuziehen und verschiedene Küchentätigkeiten (Tee kochen, Bratkartoffeln zubereiten etc.) durchzuführen. Corinna ist sauber und trocken, kann beidhändig arbeiten, Abbildungen zuordnen und eine Reihe anderer Leistungen im kognitiven Bereich vollbringen. Trotz teilweise sehr intensiven Trainings hat sie allerdings einige Inhalte/Fähigkeiten nicht erlernen können. So verbesserten sich ihre Leistungen im Bereich Sprache nicht. Corinna versteht zwar eine Aufforderung von ihrer Betonung her, ein konkretes Wortverständnis fehlt aber nach wie vor völlig, ebenso wie die Fähigkeit zur Imitation.

Des weiteren weist sie eine starke Scherenphobie sowie eine Eßstereotypie mit heftigem Zwangscharakter auf.

5.3.2 Diagnose sensorischer Integrationsstörungen

Corinnas Verhalten war seit jeher auffällig. Sie bewegte sich ausgesprochen langsam und vorsichtig: Man kann fast sagen, im »Zeitlupentempo«. Eine Erklärung dafür konnte bisher nicht gefunden werden. Im Rahmen dieser Arbeit soll versucht werden, dieses nachzuholen.

Erste Beobachtungen zu Corinnas ungewöhnlicher Motorik machten wir bereits im Jahr 1984. Damals stellten wir eine fehlende Auge-Fuß-Koordination fest. Außerdem verfügte Corinna über eine Reihe von primitiven Stellungsreflexen, z.b. tonischer Nackenreflex, deren Ausprägung nicht altersentsprechend war.

Im Februar/März 1985 begannen wir mit einer detaillierten Untersuchung sensorischer Integrationsstörungen bzw. -leistungen bei Corinna. Die Untersuchung bestand weitgehend aus Beobachtungen bei der Durchführung bestimmter Übungen oder »hausgemachter« Tests. Eine Anwendung der SCSIT war nicht möglich.

Die Ergebnisse unserer Diagnose-Untersuchung lassen sich leicht in zwei Kategorien teilen: Unauffällig sind Corinnas Reaktionen auf Tests zum Temperaturempfinden, zur Tiefenwahrnehmung, zur taktilen Abwehr sowie zum Bereich der visuellen Wahrnehmung (Eine minimale Verkürzung der Blickkontaktzeiten fällt an dieser Stelle nicht ins Gewicht). Der olfaktorische Bereich ist nicht deutlich auffällig/unauffällig: Corinna riecht zwar gerne auch an extremen Stoffen, ist aber kein typisches »Schnupperkind«. Eindeutig dagegen sind ihre massiven Probleme in der Verarbeitung vestibulärer und propriozeptiver sowie viszeraler Informationen. Im Vordergrund steht Corinnas »Eßzwang«. Sie ißt grundsätzlich alles in großen Mengen (so bereitet es ihr z.B. keine Schwierigkeiten, im Herbst ganze Obstgärten von Fallobst zu »säubern«) und verfügt über gute Strategien, Nahrungsmittel zu »ergattern«. In diesem Bereich liegt deutlich eine mangelhafte Verarbeitung der Impulse aus den inneren Organen wie Magen und Darm und dem Blutkreislauf vor.

Deutlich sind auch Corinnas Probleme in den beiden anderen Bereichen: Corinna bewegt sich sehr langsam, oft schlaff und ungeschickt. Dies deutet zunächst auf einen Mangel an propriozeptivem Input hin. Bei unseren Beobachtungen im Schwimmbad konnten wir allerdings feststellen, daß Corinna sich im Wasser sehr viel schneller, eleganter und sicherer bewegt als sonst. Da im Wasser durch die veränderten Schwerkraftverhältnisse weniger propriozeptive Informationen ins Gehirn gelangt, müssen wir davon ausgehen, daß Corinna normalerweise über ein Zuviel solchen Inputs verfügt (102) und ihr Gehirn diesem massiven Informationsdruck nicht gewachsen ist. Hinzu kommt die schlechte Verarbeitung vestibulärer

Informationen: Corinna wirkt bei Lageveränderungen, beim Bewegtwerden, beim Schaukeln und bei Höhenveränderungen überschnell panisch. Ein freier strukturierter Zustrom aller propriozeptiver Stimuli zum verarbeitenden Hirnabschnitt würde eine vermehrte Aktivität auslösen, welche aber zur Bewältigung der entstehenden Körperbewegungen ein einwandfreies Funktionieren der vestibulären Verarbeitungsabschnitte mit entsprechenden Körperkontrollmechanismen voraussetzt. Durch Corinnas starken Eßzwang, der eine zunehmende Leibesfülle mit sich bringt, die wiederum zu einer Vermehrung propriozeptiven Inputs aufgrund des größeren Körpergewichts führt, wird der oben beschriebene Mechanismus verstärkt.

Problemfelder bei der Diagnosestellung

Während der dreimonatigen Diagnosephase fanden insgesamt vier Beobachtungssitzungen (je ca. 90 Minuten) statt. Eine dieser Sitzungen führten wir im Schwimmbad durch. Folgende Problemfelder hielten wir fest:

1. Corinnas fehlende aktive und passive Sprache sowie ihre sehr eingeschränkte Imitationsfähigkeit erschwerten den Zugang zu ihr bzw. die Aufgabenstellung erheblich.
2. Corinna bewegt sich ungern. Sie war daher bisweilen schwer zu motivieren, die überwiegend motorischen Übungen mitzumachen.
3. Corinnas Interesse gilt allem Eßbaren. Sie versuchte während der Testdurchführung bzw. zwischen den einzelnen Übungen häufig zu »entwischen«, um die Ambulanz nach Lebensmitteln abzusuchen.
4. Die Abstände zwischen den einzelnen Beobachtungsstunden betrugen ca. vier Wochen. Dieser Zeitraum war sehr lang, was die kontinuierliche Beobachtung erschwerte.
5. Die bei Corinna vermutete Kombination der verschiedenen Störungen erschien uns ungewöhnlich. Wir waren uns über die Richtigkeit unserer Diagnose unsicher und fanden auch in der Literatur keinen vergleichbaren Fall.
6. Die von Ayres entwickelten SCSIT konnten wir nicht mit Corinna durchführen.

5.3.3 Zur Durchführung des Trainingsprogramms

Die Therapie der oben genannten sensorischen Integrationsstörung bei Corinna mußte sich in folgende Abschnitte gliedern:

1. Übungen zur Verbesserung der Vestibularverarbeitung;
2. Übungen zur Normalisierung der Informationsverarbeitung im propriozeptiven Bereich;
3. Begrenzung der Nahrungszufuhr.

Zu 1: Da Corinnas Schwächen vorwiegend in der Verarbeitung plötzlich auftretender Vestibularinformationen lagen, führten wir mit ihr folgende Übungen durch:

a) Fahren auf dem Rollbrett: Beschleunigen, Abbremsen, Bewegungen in verschiedene Richtungen;
b) Sitzen auf einem Bürostuhl (hydraulisch): Aufwärts und abwärts bewegen, Bewegung aushalten können;

Abb. 7: Corinna probiert das Abstützen nach vorne.

c) Gleichgewicht halten können auf verschiedenen Untergründen bzw. auf Übungsgeräten:
Gehen auf einer Bank, Stehen auf einer Matratze, Stehen auf der Wippe/dem Schaukelbrett, Sitzen auf dem Spastikerball, auf einen Stuhl steigen, auf einen Tisch steigen;
d) Mit geschlossenen Augen stehen, ohne umzufallen, Einbeinstand desgleichen.

Zu 2: Da wir festgestellt hatten, daß sich Corinna im Schwimmbecken grundsätzlich anders verhielt als an Land, nutzten wir die Möglichkeit des Schwimmunterrichtes für ein entsprechendes Training. Hierbei kam uns Corinnas hohe Eigenmotivation zugute. Wir verzichteten daher auf bestimmte, festgelegte Übungen oder Übungsabläufe und förderten allgemein Bewegung im Wasser. Corinna sollte tauchen, Gegenstände beim Tauchen vom Beckenboden nach oben holen, vom Beckenrand springen, in der Bauchlage Schwimmbewegungen ausführen, vor allem aber ihrem entsprechenden Bewegungsdrang freien Lauf lassen können.

Zu 3: Eine Kontrolle des »Eßzwanges« konnte nur zu Hause bzw. in der Geistigbehinderteneinrichtung stattfinden. Die Betreuungspersonen sowie die Eltern wurden angehalten, Lebensmittel konsequent unter Verschluß aufzubewahren und Corinna nicht mit Süßigkeiten, Kuchen o.ä. zu »füttern«. Corinna erhielt vermehrt Obst und frisches Gemüse, weniger Fett, Kohlehydrate und andere »Dickmacher«.

5.3.4 Verlauf der Therapie und ihre Probleme

Die Therapie mit Corinna fand einmal wöchentlich statt. Dabei wurden drei der vier monatlichen Doppelstunden zu Hause durchgeführt, eine in der Ambulanz in Bremen. Die Haustherapien waren notwendig und unumgänglich aus folgenden Gründen:

- Es liefen bereits vor Beginn der Untersuchung zur sensorischen Integration Therapieprogramme (Essen zubereiten, Abendbrottisch decken, sich waschen etc.) zu Hause, die nicht unterbrochen werden sollten.
- Die Berufstätigkeit der Eltern (Landwirte) ließ ein häufigeres Kommen nach Bremen nicht zu (Die Fahrtzeiten von der elterlichen Wohnung nach Bremen betragen pro Strecke ca. 90 Minuten). Eine Fahrtmöglichkeit seitens der Tagesstätte gab es nicht.

Aus diesen Gründen konnten die meisten der unter Punkt 1 genannten Therapieinhalte nur alle vier Wochen in Bremen trainiert werden. Ein Transport des zum Teil aufwendigen Therapiematerials in die Haussituation war nicht möglich. Außerdem wäre dort auch nicht der erforderliche Platz (z.B. zum Rollbrettfahren) gewesen.

Die unter Punkt 2 genannten Übungen im Schwimmbad dagegen konnten regelmäßig einmal in der Woche geübt werden. Als Therapeutinnen fungierten hier die Gruppenleiterinnen aus der Tagesstätte.

Als Einführung in die theoretischen Grundlagen der sensorischen Integrationstherapie nach Ayres nahm die Mutter an einem Elternschulungskurs zu diesem Thema teil. Dadurch war ihre Beteiligung an unserer Untersuchung sehr intensiv. Bei allen Therapiestunden in der Bremer Ambulanz war die Mutter anwesend. Mit großem Engagement und hohem therapeutischen Einfühlungsvermögen unterstützte sie uns in unserer Arbeit als Co-Therapeutin. Auch bemühte sie sich, mit Corinna am Schwimmunterricht teilzunehmen und beachtete unsere Ernährungsempfehlungen. Die Mitarbeiter der Tagesstätte, in der Corinna untergebracht ist, beteiligten sich mit der Durchführung des Schwimmprogramms an unserer Untersuchung. Leider konnten die unter 1 genannten Übungen zur Gleichgewichtsverarbeitung in der Behinderteneinrichtung nicht durchgeführt werden, da

a) die Mitarbeiter weder mit Theorie noch mit Praxis einer sensorischen Integrationsbehandlung vertraut waren und sind und
b) kein Material und keine Sport- oder Turnhalle zur Verfügung stand.

Zusammenfassung

1. Aufgrund der großen Entfernung zwischen Ambulanz und Wohnort (hohe Fahrtzeiten) konnte die Therapie nur alle vier Wochen in Bremen stattfinden.
2. Das aufwendige Therapiematerial konnte nicht jede Woche zu Corinna nach Hause transportiert werden.
3. Das Übungsprogramm konnte nicht zu Hause oder in der Behinderteneinrichtung fortgesetzt werden.
4. Die große Entfernung zwischen der Ambulanz und der Tagesstätte (und die dadurch entstehenden Kosten) erschwerte die notwendige Kommunikation (z.B. war es den Gruppenleiterinnen von Corinna nicht möglich, in der Ambulanz zu hospitieren).
5. Die zeitliche Eingrenzung der zu gebenden Therapiestunden machte eine Supervision unsererseits beim Schwimm-Übungs-Programm unmöglich.

6. Corinna mußte an die einzelnen Übungen mit viel Geduld herangeführt werden. Eine sprachliche Vermittlung oder »Vormachen« war nicht möglich.
7. Corinnas Eßzwang unterbrach oftmals den Therapiefluß. Sie versuchte, sich vom Therapeuten zu entfernen, immer auf der Suche nach Lebensmitteln.
8. Überforderungssituationen zu erkennen, erforderte sehr genaue Kenntnis von Corinnas Person. Ein Verstehen von ihrem Lautrepertoire war erforderlich.

5.3.5 Die Ergebnisse der Therapie

Insgesamt wurden mit Corinna fünf Doppelstunden sensorische Integrationsbehandlung in Einzelsituation durchgeführt. Der Schwimmunterricht fand wöchentlich von Februar 1985 bis November 1985 statt.

Unsere Erwartungen bezüglich möglicher Erfolge der therapeutischen Interventionen waren sehr gering. Die langen Pausen zwischen den einzelnen Therapiestunden ließen uns in bezug auf sichtbare Veränderungen nicht viel Hoffnung. Erstaunlicherweise entwickelte sich Corinna aber nicht entsprechend unseren Erwartungen:

1. Corinnas Allgemeinverhalten, insbesondere ihre Stimmungslage stabilisierte sich zusehends. Sie war aufgeschlossener gegenüber ihren Eltern, den Geschwistern und Therapeuten und beteiligte sich mehr am Familien- und Gemeinschaftsleben als früher.
2. Corinna bewegt sich heute fließender und schneller als vor einem Jahr. Ihre Freude an Bewegungen hat zugenommen; sie erledigt bestimmte Arbeiten (z.B. Tisch decken) in ungefähr der Hälfte der Zeit, die sie vor einem Jahr benötigte.
3. Corinna ist heute in der Lage, ein 90-minütiges Training durchzuhalten. Dabei bewältigt sie die ihr gestellten Aufgaben besser und präziser als zu Beginn der Behandlung.
4. Corinnas Sicherheit im Schwimmbecken hat zugenommen. Sie kann gut tauchen, zeigt erstaunliche Ansätze für Schwimmbewegungen und springt mit besonderer Vorliebe vom Beckenrand ins tiefe Wasser.
5. Corinnas ängstliches Verhalten, z.B. auf Spaziergängen, ist völlig verschwunden. So übersteigt sie heute sogar ohne Hilfe Weidegatter oder »robbt« unter einem Elektro-Weidezaun hindurch.

70

5.3.6 Probleme der Erfolgskontrolle/Interpretation der Ergebnisse

Ein Vorangehen von Corinnas Entwicklung im vergangenen halben Jahr ist unübersehbar. Dies bestätigen auch die Aussagen der Eltern, der Geschwister sowie der Gruppenbetreuerinnen.

Das Quantifizieren eines solchen Entwicklungsschrittes mittels objektiver Meßdaten war und ist uns nicht möglich aus folgenden Gründen:

– Es standen uns keine Tests, Skalen oder andere Verfahren zur Verfügung, die für Corinna zur Anwendung hätten gelangen können.
– Es ist nicht Sinn unserer Therapie gewesen, mit Corinna einige bestimmte Übungen durchzuführen, die sie eventuell hätte erlernen können (und die dann abtestbar gewesen wären). Vielmehr war es unser Bemühen, bei allen Übungen auf das übergreifende Prinzip zu achten, dieses zu trainieren, die Übungen aber abwechslungsreich und variabel zu gestalten. Aus diesen Gründen konnten keine Daten genommen werden.Andererseits wäre es unredlich, Corinnas Entwicklung allein auf unsere Therapie zurückzuführen. Auch konnten während des relativ kurzen Berichtzeitraumes (ca. 3/4 Jahr) nur Entwicklungen angerissen und in Gang gesetzt werden.

Die unter Punkt 5.3.3 skizzierten Lernziele sind keineswegs erreicht. Diese Untersuchung hatte vielmehr zum Ziel, die Schwierigkeiten bei der beschriebenen Therapie mit Corinna zu dokumentieren und Lösungsvorschläge zu erarbeiten. Die Behandlung kann dann intensiviert fortgesetzt werden.

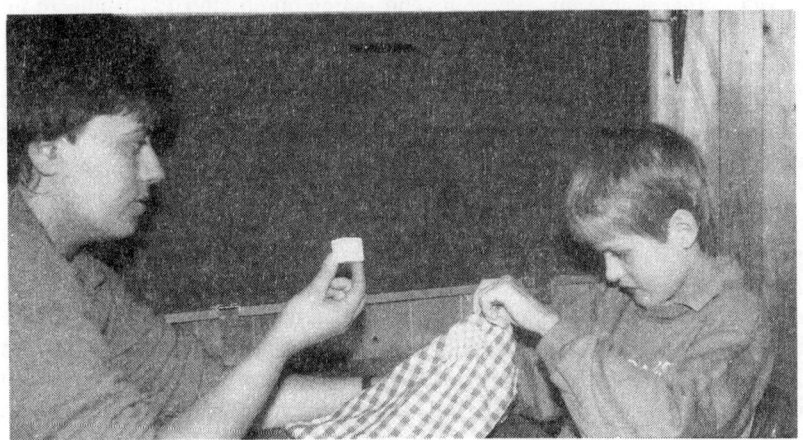

Abb. 8: Sebastian ertastet Gesehenes.

5.4 Kind IV: Lothar, geb. 1967

5.4.1 Zur Ausgangssituation

a) Krankengeschichte

Lothar kam 1967 als erstes von drei Kindern zur Welt. Schwangerschaft und Geburt verliefen normal. Sein Verhalten als Kleinkind war unauffällig, wenn es auch schon erste Anzeichen für eine Fehlentwicklung gab. Er war ein ruhiges, zufriedenes Baby, das den Tag damit verbrachte, den Kopf hin und herzuschaukeln. Sobald jedoch seine Lage verändert wurde, er z.B. aufgenommen oder gewickelt wurde, fing er heftig an zu schreien. Er zeigte keinerlei Reaktionen auf visuelle Reize und begann relativ spät, mit Gegenständen wie Klötzen und Bällen zu hantieren, verwendete diese dann aber auch nicht sinngemäß. Er produzierte nur wenige Laute und entwickelte keinerlei Sprache.

Im Alter von eineinhalb bis zwei Jahren wurde den Eltern deutlich, daß Lothars Entwicklung nicht normal verlief. Er sprach nicht, konnte noch nicht laufen und hatte starke Veränderungsängste.

Im Alter von sechs Jahren besuchte Lothar einen Sonderkindergarten. Er konnte mittlerweile laufen, war jedoch noch sehr unsicher, fiel oft hin und stieß sich dabei den Kopf. Es fiel ihm schwer, auf unklaren Untergründen zu gehen (wie z.B. auf Holperwegen) oder von einem Untergrund auf einen anderen zu wechseln. So weigerte er sich, vom Sand aus auf eine Rasenfläche zu gehen.

Bei Lothar wurde im Alter von zehn Jahren durch ein EEG Blutleere im Gehirn festgestellt. Des weiteren wurde eine unspezifische Hirnschädigung diagnostiziert. Nähere Angaben liegen leider dazu nicht vor. Im Februar 1980 kam seine Mutter das erste Mal mit der Ambulanz für autistische Kinder in Kontakt und im Oktober 1981, als Lothar vierzehn Jahre alt war, konnte die Ambulanz mit der Therapie beginnen.

b) Therapieverlauf / Beobachtungen / Entwicklungsstand

Zu Beginn der Therapie stellte sich folgendes Bild dar: Lothar machte einen fröhlichen, zufriedenen Eindruck. Meist lief er unentwegt im Raum umher, gab dabei Schnalz- und Pfeiflaute von sich oder klapperte mit den Zähnen. Manchmal warf er Gegenstände mit der rechten Hand in die Luft und fing sie geschickt wieder auf. Gelegentlich schlug er sich mit dem Handrücken gegen die Hüfte. Angebotenes Spielzeug interessierte ihn nicht, einzig Bälle, die er stereotyp hochwarf und wieder auffing. Außerdem liebte er eine Musikkassette mit Kinderliedern, so daß er den Recorder von alleine wieder anzustellen versuchte.

Lothar sprach nicht und hatte nur ein geringes Sprachverständnis. Wenn er etwas haben wollte, zog und zerrte er an erreichbaren Personen oder nahm deren Hand. Den an ihn gestellten Aufforderungen versuchte er sich zu entziehen, indem er kratzte, kniff oder zwickte. Der Blickkontakt war vorhanden.

Im lebenspraktischen Bereich war Lothar äußerst unselbständig. Er konnte nicht alleine essen, sich an- oder ausziehen, waschen oder die Toilette benutzen, war aber trocken und sauber. Er mußte in allen Bereichen vollständig versorgt werden. Nach Auskunft der Mutter war es das größte Problem, daß er »nichts tut, nichts anfaßt, wenn er etwas in die Hand nehmen soll und nicht sitzen bleiben will« (Zitat der Mutter). Im Verlauf der Therapie mit Lothar wurde zunächst eine adäquate Arbeitshaltung aufgebaut. Störende Verhaltensweisen, häufiges Aufstehen, Aufspringen und Stereotypien wurden mit der Zeit unter Kontrolle gebracht. Ihr Abbau gelang jedoch nicht vollständig, da die Ursachen im Unklaren blieben.

Lothar verstand nur sehr wenige verbale Aufforderungen. Oft mußte mit Handführung gearbeitet werden. Dieses erwies sich als schwierig, da er Haut-Haut-Kontakt nicht ertrug und sofort anfing, den Therapeuten zu kratzen oder zu kneifen. Die Therapieprogramme, die überwiegend kognitive Inhalte betrafen, absolvierte er nur mit sehr geringem Erfolg.

Beeinträchtigungen in seinem körperlichen Wohlbefinden wirkten sich stark auf sein Arbeitsverhalten und seine Lernfähigkeit aus. Außerdem wechselte er im November 1983 vom Sonderkindergarten in eine Behindertenwerkstatt des gleichen Trägers. Diese Wechsel führten zu starken Regressionen. So näßte und kotete er wieder tagsüber ein, war nicht in der Lage, am Tisch mitzuarbeiten etc. Durch konsequente Anwendung der sogenannten »Klingelhose« erlangte Lothar aber nach kurzer Zeit wieder vollkommene Kontrolle über seine Ausscheidungen.

5.4.2 Diagnose sensorischer Integrationsstörungen

Lothar, siebzehn Jahre alt, wurde in der Zeit vom 8.2.1985 bis 22.3.1985 im Verlauf von vier Therapiesitzungen à zwei Stunden beobachtet. Die Schwierigkeiten, die bei der Durchführung der Übungen zur sensorischen Integration auftraten, wurden vor allem durch seine starken Veränderungsängste verursacht. So mußten wir ihm ungewohnte Übungen und Situationen stets erst vertraut machen, bevor wir feststellen konnten, ob er die Übung nicht beherrscht oder ob er sie aus Angst verweigert.

Zur Diagnosestellung – unsere Beobachtungen im einzelnen

Haltung und Bewegung der Grobmotorik (HBG):

Lothar ist hypermotorisch, er bewegt sich viel und ist dabei recht ausdauernd. Seine Bewegungen sind oft heftig und überschießend. Die dabei angewendete Kraft ist nicht richtig dosiert, sein Muskeltonus eher gespannt.

Er geht mit weit ausladenden Schritten durch den Raum, wobei er den Oberkörper stark nach vorne beugt und damit das Gleichgewicht hält. Er benutzt oft den Zehengang, manchmal nur bei dem rechten Fuß, manchmal bei beiden Füßen. Auf glatten Untergründen bewegt er sich sicher. Bei unklaren oder unebenen Untergründen wie Matratzen, Decken, herumliegendem Spielzeug oder auf selbst noch so geringen Schrägen (ca. 5 Prozent Steigung) ist er sehr unsicher, ebenso auf natürlichen Wegen mit Unebenheiten oder Schnee. Er richtet den Oberkörper auf, versteift ihn und geht ganz langsam und zögernd, wobei er auf die Füße schaut.

Lothar braucht bei allen grobmotorischen Übungen die Hilfe des Therapeuten, so bei Übungen auf der Wippe, dem Schaukelbrett, dem Therapiekreisel und der Bank. Dabei gibt er stets eine ängstliche Stimmung wieder. Nur bei Stereotypien und selbststimulatorischen Manipulationen zeigt er sich bewegungsfreudig.

Wahrnehmungsbereich:

a) vestibulär

Lothar ist bei passivem Bewegtwerden sehr empfindlich. Langsame und stetige Bewegungen sind ihm gerade noch erträglich, so z.B. auf der Schaukel oder dem Rollbrett. Schnelle Bewegungen rufen bei ihm große Angst oder sogar Panik hervor, vor allem, wenn sie abrupt oder arhythmisch sind. Ausschlaggebend ist dabei nicht eine bestimmte Richtung. So läßt er sich auf dem Rollbrett im Stehen, Sitzen und im Liegen (Rückenlage) in alle Richtungen sehr langsam bewegen. Bei Gleichgewichtsübungen hält er den Kopf stets richtig, um die Schwerkraft zu überwinden, und gleicht die Bewegungen teilweise aus; z.B. bewegt er sowohl den Kopf als auch die Beine beim Seitwärts-Schaukeln in die richtige Richtung. Er kann aber weder alleine noch mit Hilfestellung die Bauchlage einnehmen.

Seine Stütz- und Schutzreflexe sind nur mangelhaft ausgebildet. So kann er sich beim plötzlichen Abstoppen der Schaukel nicht oder nur verspätet abstützen. Dabei ist seine Reaktion nicht angemessen, sondern zu heftig. Auf dem Schaukelbrett sitzend, gleicht er die Bewegungen nur nach vorne hin aus, kann sich jedoch nicht nach hinten abstützen.

b) taktil

Lothar ist im Bereich taktiler Stimulation überempfindlich, obwohl er kaum auf die Berührung seiner Haut mit den verschiedenen Materialien reagiert. Lothar hat gelernt, still zu halten. Er erträgt sowohl Bürsten, weiches Fell, Federn und Wärmflaschen, als auch andere Materialien in den unterschiedlichen Körperzonen. Hierbei ist der Bauch am empfindlichsten. Nur bei kalten Materialien (wie Eis oder Metall auf der Haut) will er sich der Berührung entziehen.

Abb. 9: Lothar trägt gerne kleine Gewichte an den Handgelenken.

Die Überempfindlichkeit wird deutlich in typischen Rötungen der Haut, die nach Berührungen auftreten und ungewöhnlich lange verbleiben. Befindet sich die Person, die die Berührung auslöst, weiter von ihm entfernt, so daß die gelernte »Ertragenssituation« nicht gegeben ist, reagiert Lothar heftig und wehrt die Berührung ab. Dabei tritt keine Adaption an die taktile Reizung ein.

c) propriozeptiv:

Lothars Bewegungen scheinen oft ungeplant, ungeschickt und nicht zielgerichtet. Sie sind der Sache oft nicht angepaßt (z.B. benutzt er zum Halten eines Ballens oftmals nur die Fingerkuppen). Die Verstärkung propriozeptiver Stimuli, wie Beklopfen, Strecken, Drehen und Massieren der Beine, empfindet er als sehr angenehm. Auch verbessert sich sein Gang, wenn durch Anlegen von Gewichten an die Füße die durch die Bewegung hervorgerufenen propriozeptiven Reize verstärkt werden. Seine Stereotypien der Hände verschwinden vollständig, solange er Gewichte an den Handgelenken trägt.

Wir vermuten, daß Lothar im Bereich der Eigenwahrnehmung seines Körpers die Stimuli nur unzureichend integriert und nicht angemessen verarbeiten kann.

d) Hören:

Lothar kann normal hören, reagiert aber nicht auf alle Geräusche. Sein Sprachverständnis ist gering.

e) Andere Bereiche der Wahrnehmung:

Lothar verhält sich im olfaktorischen Bereich unauffällig. Er scheint schmerzunterempfindlich zu sein. Seine Temperaturwahrnehmung ist normal.

Zusammenfassung

Die am deutlichsten gestörten Bereiche der sensorischen Integration sind bei Lothar die der vestibulären und taktilen Reizverarbeitung.

Lothar reagiert ängstlich bis panisch auf jede Raum-Lage-Veränderung. Seine Stütz- und Schutzreflexe sind mangelhaft ausgebildet.

Im Bereich der taktilen Wahrnehmung zeigt Lothar ein deutliches Abwehrverhalten. Er hat zwar gelernt, Berührungen zu ertragen, kann die Stimuli jedoch nicht angemessen verarbeiten wie durch Hautrötungen bei Berührung und durch Abwehr bei unvorhersehbarem Anfassen deutlich wird. Lothars taktiles Abwehrverhalten (103) in bezug auf Personen ist derart stark ausgebildet, daß es im Laufe mehrerer Jahre verschiedenen therapeutischen Einrichtungen nicht gelungen ist, Lothar auch nur die grundlegenden alltäglichen Handlungen (An- und Ausziehen, Hände waschen etc.) beizubringen.Aufgrund der Beeinträchtigungen im Bereich der Wahrnehmung erscheint Lothars Grobmotorik oftmals linkisch und stereotyp, seine Bewegungen häufig überschießend und ungeplant. Lediglich bei seinen Stereotypien und selbststimulatorischen Handlungen sind seine Bewegungen überdurchschnittlich bis elegant.

Problemfelder bei der Diagnosestellung

Lothar ist nicht testbar, weder mit den SCSIT noch mit einem anderen Test, da er nur ein äußerst geringes Sprachverständnis besitzt und nicht imitieren kann. Außerdem wehrt er jede Art von Hilfestellung ab. Er läuft weg, wenn sich jemand nähert. Er kneift oder kratzt, wenn er an die Hand gefaßt wird. Zum anderen zeigt er kein Arbeitsverhalten, das einen Test ermöglicht. Er bleibt nicht am Tisch sitzen, ist hyperaktiv. Wir füllten den Kiphard-Bogen aus (104). In diesem werden eine Reihe von Fähigkeiten abgefragt, von denen wir annehmen, daß Lothar sie beherrschen könnte, wenn er nicht durch seine Hyperaktivität und seine taktile Abwehr an der Ausführung dieser Tätigkeiten gehindert würde. So nehmen wir an, daß Lothar krabbeln kann oder es früher konnte. Die Mutter erinnert sich aber daran nicht und Lothar läßt sich heute nicht mehr zum Krabbeln bewegen. Die Ergebnisse dieses Testbogens sind daher nicht verwendbar.

Lothar hat, wie schon erwähnt, starke Veränderungsängste. Vor der Untersuchung arbeitete der Therapeut mit ihm regelmäßig an einem Tisch in einem kleinen Raum, wir aber ließen ihn durch die Räume laufen, um ihn zu beobachten und führten grobmotorische Übungen durch. Durch diese veränderte Therapiesituation war er sehr irritiert.

Der Zeitraum von 14 Tagen, der zwischen zwei Therapiestunden lag, war für Lothar nicht überschaubar. Die Veränderung des gewohnten Tagesablaufes, die die Fahrt in die Ambulanz nach Bremen bedeutete, führte bei ihm zu Angst, so daß er oft schon bei der Ankunft in der Ambulanz weinte oder mißgestimmt war.

Die von Mal zu Mal unterschiedliche Stimmungslage beeinträchtigte die Arbeit. So war Lothar in einigen Stunden überhaupt nicht zur Mitarbeit zu bewegen. Möglicherweise besteht ein Zusammenhang zwischen seiner Stimmung und der Einnahme von Psychopharmaka. Da es der Mutter aber peinlich war, einzugestehen, daß sie ihm Tranquilizer (Haldol, Melleretten) verabreichte, konnten wir von ihr diesbezüglich keine Informationen erhalten, die uns Anhaltspunkte für die Ursache der Stimmungsschwankungen geben konnten.

Ein weiteres Problem bei der Diagnose war die Abwehr von Hilfestellung. Da Lothar wenig Sprachverständnis und keine Imitationsfähigkeit besitzt, mußten wir ihn durch Handführung und andere Hilfestellungen an die Übungen heranführen. Sobald wir uns ihm aber näherten, lief er weg. Er fing auch an, zu kratzen und zu kneifen, sobald er an die Hand genommen wurde, so daß wir zu Anfang nur mit festen Handschuhen die Therapiestunde durchführen konnten.

5.4.3 Zur Durchführung des Trainingsprogramms

Aufgrund der eingehenden diagnostischen Beobachtung erschien es uns als vordringlichstes Ziel, Lothars taktile Abwehr sowie seine Mängel in der vestibulären Reizverarbeitung abzubauen. Außerdem beabsichtigten wir, Lothars Wahrnehmung im kinästhetischen Bereich durch Reizung der für Tiefensensibilität und propriozeptive Wahrnehmung notwendigen Reizbahnen zu verbessern und somit sein selbststimulatorisches und stereotypes, z.T. autoaggressives Verhalten zu reduzieren.

Die von uns durchgeführten Übungen zum Abbau der taktilen Abwehr wurden zunächst so gestaltet, daß eine Adaption an taktile Reizung eintrat. Anschließend sollte mit leichten Aufgaben aus dem Alltagsbereich (z.B. abgetrocknet werden bzw. sich abtrocknen lassen) begonnen werden.Für den Bereich der vestibulären Wahrnehmung wollten wir Lothar mit für ihn gerade noch verarbeitbaren Reizmengen konfrontieren und langsam den Schwierigkeitsgrad bzw. die Menge des Input steigern.

Im Bereich der Tiefensensibilität wollten wir überwiegend mit Massage und leichten gymnastischen Übungen arbeiten.

5.4.4 Der Verlauf der Therapie und ihre Probleme

Lothar erhält vierzehntägig eine Doppelstunde Therapie. Während der Zeit dieser Untersuchung wurde die gesamte Therapiezeit für Übungen zur sensorischen Integration verwendet, so daß er in der Zeit vom 19.4.85 bis zum 15.11.85 insgesamt elf Doppelstunden Behandlung erhielt. Der Verfasser, der die Übungen durchführte, war auch gleichzeitig der zuständige Therapeut, so daß bei Lothar kein Therapeutenwechsel stattfinden mußte.

Die Mutter wollte generell nicht an den Therapiestunden teilnehmen, da es sie, nach eigener Aussage, emotional zu sehr belastete. Sie schien aber auch mit den Übungen, die wir durchführten, nicht zufrieden zu sein, weil sie lieber wollte, »daß er was Richtiges lernt« (Äußerung der Mutter). Wir bemühten uns mehrmals, mit ihr über die Therapieinhalte zu reden und versuchten ihr einige Grundlagen der sensorischen Integrationstherapie zu erläutern. Diese Gespräche erwiesen sich als sehr schwierig, da die Mutter an ihnen nicht interessiert war. Eine Mitarbeit ihrerseits blieb dadurch völlig aus.

Lothar war während des Untersuchungszeitraumes ganztägig in der Fördergruppe einer Behindertenwerkstatt, die ca. 110 km von Bremen entfernt ist, untergebracht. Die Fördergruppe besteht ausschließlich aus schwerstbehinderten Kindern und Jugendlichen. Die personelle und finanzielle Ausstattung der Werkstatt sowie die äußeren organisatorischen Voraussetzungen für die Durchführung einer sinnvollen, inhaltlichen, einzeltherapeutischen Arbeit mit autistischen Kindern in dieser Werkstatt waren nicht gegeben.

Im Verlauf der Therapie stellte sich heraus, daß ein vierzehntägiger Rhythmus für die Behandlung von Lothars sensorischen Integrationsstörungen nicht ausreicht, um zu Fortschritten zu gelangen. Wir hielten daher regelmäßige Einzelförderung in der Werkstatt für notwendig. In ausführlichen Gesprächen und Verhandlungen mit der Leitung der Werkstatt sowie den für den pädagogischen Bereich Verantwortlichen setzten wir eine Unterstützung der von uns vorgeschlagenen Förderkonzeption durch. Diese enthielt folgende Bedingungen:

1. Lothar erhält täglich eine Stunde Einzeltherapie.
2. Die Mitarbeiterin der Werkstatt, die diese Einzeltherapie durchführt, erhält in regelmäßigen Abständen die Gelegenheit zur Hospitation in der Ambulanz.
3. Die Einzeltherapie wird in Abständen durch einen Mitarbeiter der Ambulanz supervidiert. Die Fortschritte werden sorgfältig dokumentiert.
4. Die Mitarbeiterin der Werkstatt erhält Vorbereitungszeit.

Im Zeitraum Oktober – Dezember 1985 konnte sich die Werkstatt nicht an die in der Förderkonzeption ausgehandelten Bedingungen halten. Die Mitarbeiterin führte nur ca. 30 Prozent der möglichen Therapiestunden durch; diese auch noch unter besonders schwierigen räumlichen Verhältnissen, ohne sich vorher vorbereiten haben zu können oder über ausreichend Material (z.B. Schaukelbrett, Kugelbecken, geeignete Verstärker) zu verfügen. Wie bereits unter dem Abschnitt Diagnose erwähnt, wurden die Therapiestunden durch Lothars extreme Schwankungen im Erregungs- und Stimmungsniveau beeinträchtigt. So konnte es sein, daß Übungen und Aufgaben, die er bereits beherrschte, in der darauffolgenden Therapiestunde nicht durchführbar waren und ihn völlig überforderten. Überhaupt war es problematisch mit Lothar bestimmte Übungen zu absolvieren oder ihm eine Aufgabenstellung zu vermitteln. Verbale oder gestische Aufforderungen versteht Lothar nicht. Handführung im Sinne einer konkreten Hinführung zum Übungsgerät/-material scheiterte an seiner taktilen Abwehr und löste Angst aus. Wir konnten daher unsere Therapie-Inhalte nur insoweit durchführen, wie Lothar sie von sich aus zuließ. Die Anforderungen an das therapeutische Einfühlungsvermögen und die Geduld der Mitarbeiter der Ambulanz waren dadurch sehr groß.

Zusammenfassung der Probleme der Therapie

1. Eine Mitarbeit der Mutter blieb völlig aus.
2. Die Durchführung einer Einzeltherapie in der Behindertenwerkstatt war und ist schwierig.
3. Schwankungen im Erregungs- und Stimmungsniveau beeinträchtigten Lothar in seiner Mitarbeit.
4. Die Heranführung an Übungen war schwierig.

5.4.5 Die Ergebnisse der Therapie

Die Erfolge der Therapie mit Lothar sind unter Berücksichtigung der o.g. Probleme bei der Durchführung relativ gering.

Lothars Verhalten in der Ambulanz hat sich auffallend gebessert. Er arbeitet bereitwillig und je nach allgemeiner Stimmungslage motiviert mit. Das Abwehren von Therapeutenhilfe bei der konkreten Durchführung einer Aufgabe tritt nicht mehr auf. Veränderungsängste, wie wir sie zu Beginn der Diagnosephase registrierten, können wir nun nicht mehr beobachten. Eindeutig sind auch Lothars Erfolge bei den grobmotorischen Übungen zur Verarbeitung der Vestibulär-Information. So steigt er heute auf höhere Podeste (bis zu 15 cm) und steht länger auf dem kleinen Schaukelbrett. Dieses sind aber zunächst lediglich Trainingseffekte, die Lothar nicht in andere Situationen hinein generalisiert.

Wir sehen uns nicht in der Lage, Lothars allgemeine Entwicklung zu beurteilen. Zuviele äußere, von uns nicht beeinflußbare Bedingungen (mehrmaliger Betreuerwechsel in der Fördergruppe der Behindertenwerkstatt, unregelmäßige Medikamentengabe etc.) führten zu teilweise drastischen Rückschlägen in Lothars Entwicklung: Lothar ist heute nicht mehr sauber und trocken und muß ganztägig Windeln tragen.

5.4.6 Probleme der Erfolgskontrolle/Interpretation der Ergebnisse

Aufgrund unserer Erfahrungen bei der Therapie von Lothars sensorischen Integrationsstörungen in der Ambulanz für autistische Kinder glauben wir, daß eine Fortsetzung der begonnenen Arbeit sinnvoll ist. Bei einer durchdachten, gut strukturierten und für Lothar verständlichen therapeutischen Vorgehensweise werden die angestrebten Ziele langfristig zu erreichen sein. Dieses erfordert aber die kooperative und kontinuierliche Zusammenarbeit von Ambulanz, Elternhaus und Behindertenwerkstatt. Wir werden unsere Bemühungen in dieser Weise auch über den Rahmen unserer Untersuchung hinaus fortsetzen.

Abb. 10: Sebastian in der Kugelkiste.

81

5.5 Kind V: Natalie, geb. 1971

5.5.1 Zur Ausgangssituation

a) Krankengeschichte

Natalie wurde 1971 geboren. Die Schwangerschaft verlief komplikations-los und die Geburt erfolgte in Beckenendlage. Mit drei Monaten kam Nata-lie für vier Wochen mit Mittelohrentzündung ins Krankenhaus. Danach war sie nicht mehr ernsthaft krank. Die Mutter berichtete, daß Natalie als Säugling sehr ruhig gewesen sei. Sie habe kaum bemerkt, daß sie ein Kind habe. Nur beim Baden sei Natalie immer sehr unruhig gewesen, habe ge-schrien und gezappelt. Sie habe auch geschrien, wenn jemand anderes als ihre Eltern in ihren Kinderwagen guckte. Als Kleinkind bekam sie immer Wutanfälle, wenn ein Wunsch nicht erfüllt wurde. Laufen und Sprechen lernte Natalie mit leichter Verzögerung. Tagsüber sauber und trocken war sie mit etwa vier Jahren, näßte und kotete aber immer noch nachts ein.

Mit vier Jahren wurde sie in einem Krankenhaus untersucht; die Befund-aufnahme ergab, daß psychische, jedoch keine pathologischen Auffälligkei-ten festzustellen waren.

Ein halbes Jahr lang besuchte sie einen Kindergarten, in den sie sich je-doch nicht einfügen konnte. Oft fing sie an, ganz ohne ersichtlichen Grund laut zu schreien, dann wieder war sie ganz still und lachte vor sich hin. Sie erschien sehr eigenwillig und war nicht in die Gruppe zu integrieren. Die Tagesbildungsstätte, in die Natalie im März 1976 nach Abbruch des Kin-dergartenbesuches kam, empfahl ihres Verhaltens wegen eine Untersu-chung in einer jugendpsychiatrischen Klinik.

Die Untersuchung, die vom 13.9.1977 bis zum 22.11.1977 stationär durchgeführt wurde, ergab folgenden Befund:

Körperlich war Natalie dem Alter entsprechend ausgebildet und gesund. Sämtliche Untersuchungen zeigten keine Auffälligkeiten. Der geistige Ent-wicklungsstand ließ sich nicht testpsychologisch feststellen.

Nach dem sensomotorischen Entwicklungsgitter von Kiphard erreichte Natalie auf allen Gebieten den Entwicklungsstand einer Vierjährigen. Von der klinischen Beobachtung her bestand der Verdacht, daß bei ihr ein gerin-ger Entwicklungsrückstand bestehe. Der Eindruck der Retardierung wurde hauptsächlich durch Natalies autistische Symptomatik hervorgerufen (105).

»Natalie fiel auf der Station von Anfang an durch Verhaltensweisen auf, die von autistischen Kindern bekannt sind (106). Von sich aus nimmt Nata-lie fast nie Kontakt zu Erwachsenen, noch weniger zu Kindern auf. Erst ge-

gen Ende des stationären Aufenthaltes kam sie manchmal zu einzelnen Betreuern.

Natalie zog sich zu Beginn des stationären Aufenthaltes sehr häufig in ihr Bett zurück, dieses Verhalten wurde jedoch langsam seltener. Meist beschäftigte sich Natalie allein. Sie spielt dann mit Plüschtieren oder mit Puppen, die sie badet oder ins Bett bringt. Zwischendurch führt sie immer stereotyp Bewegungen durch, so bewegt sie oft die Hände hin und her, sehr oft nuckelt sie an ihren Fingern, um die sie Haare legt, und oft läßt sie Spucke auf ihre Hände rinnen und streicht dann mit ihrer Hand über den Kopf. Dabei wirkt Natalie zurückgezogen, sie läßt sich durch das Hinzukommen von Personen, die sie nicht sehr gut kennt, in ihrem Verhalten gar nicht beeinflussen. Wird Natalie angesprochen, nimmt sie oft nur ganz flüchtig Blickkontakt auf. Oft wiederholt sie dann die Worte dessen, der sie angesprochen hat.

Natalie verwechselt nicht selten »ich« und »du«.

Alles Neue und Ungewohnte macht Natalie Angst. So schrie sie anfangs immer und wehrte sich, wenn sie mit der Lehrerin ins Nachbarhaus zum Unterricht gehen sollte. So ißt sie auch nur bestimmte Lebensmittel, z.B. keine Margarine und Wurst und Brot immer getrennt, gerät in Panik, wenn sie beides zusammen essen soll.

Wir hatten den Eindruck, daß Natalies »Wutanfälle« oft so zu erklären sind, daß Natalie in Angst und Panik gerät, weil etwas für sie Ungewohntes abläuft. Nach unserem Eindruck ist Natalie aber wenn sie schreit, nicht immer ängstlich, manchmal ist sie auch wütend. (...)

Natalies Eltern haben wir erklärt, daß Natalie ein autistisches Kind ist, daß die Ursache des frühkindlichen Autismus wahrscheinlich eine spezielle Hirnschädigung noch unbekannter Genese ist ...« (107).

Im Juni 1979 kam Natalie in die Ambulanz für autistische Kinder in Bremen.

b) Therapieverlauf/Beobachtungen/Entwicklungsstand

Da Natalie im lebenspraktischen Bereich keine auffällige Defizite und gleichzeitig im kognitiven Bereich gute Voraussetzungen für eine erfolgreiche Förderung hatte, konzentrierte sich die Therapie – in Absprache mit Eltern und Tagesstätte – auf die Anbahnung der Kulturtechniken Lesen, Schreiben und Rechnen. Zusätzlich sollte ein gezieltes Sprachprogramm die grammatischen und syntaktischen Defizite ihrer Sprache aufarbeiten.

In der Zeit vom Juli 1979 bis zu den Sommerferien 1985 hat sie den

Therapieberichten zufolge Lesen und Schreiben gelernt. Sie kann kurze Geschichten von vier bis fünf Sätzen lesen und den Sinn entnehmen. Sie schreibt Briefe und Tagebuch. Sie rechnet im Zahlenraum bis 100 mit 1 bis 6 sicher. Mit + 7 rechnet sie, solange der Zehner nicht überschritten wird. Geldsummen kann sie sicher benennen, hat aber Schwierigkeiten beim Geben einer bestimmten Summe. Die Erweiterung des Gelernten wird in der Therapie fortgesetzt.

Im lebenspraktischen Bereich hat Natalie mittlerweile gelernt, sich selbst zu versorgen. Sie kocht gerne und gut, kann alleine einkaufen und saubermachen.

5.5.2 Diagnose sensorischer Störungen

Die Verfasser beobachteten Natalie insgesamt zwei Monate lang. In diesem Zeitraum kam sie zu acht Therapiesitzungen, in denen unter anderem auch sensomotorische Übungen durchgeführt wurden. Im Anschluß daran erhielt sie zwei Therapiestunden, in denen ausschließlich Übungen zur sensorischen Integration stattfanden. Diese Übungen sind mittels Video-Aufzeichnung dokumentiert.

Zur Diagnosestellung – unsere Beobachtungen im einzelnen

2.5.1985

a) Haltung und Bewegung der Grobmotorik (HBG):

– *Gehen: Natalie zeigt wenig Auffälligkeiten, bewegt sich auch auf verschiedenen Untergründen sicher.*

b) Wahrnehmungsbereich (WB):

– *Großes Schaukelbrett: Natalie steigt mit Hilfestellung auf (an beiden Händen festhalten), steht kurz auf dem Brett und steigt nach hinten wieder ab. Sich an der Sprossenwand festhaltend, kann sie alleine aufsteigen und schaukeln.*
– *Obwohl sie die Beine richtig beugt und streckt, erscheint der Bewegungsablauf abgehackt, unharmonisch. Sie läßt auch kurz die Sprossenwand los und steht freihändig. Sie kann sich auf dem Schaukelbrett auch mit Hilfestellung nicht umdrehen oder nach vorne absteigen. Während der ganzen Übung zeigt sie große Unsicherheit.*

84

– *Bank: Natalie steigt kurz auf die Bank und sofort wieder herunter. Ob-wohl sie Hilfestellung bekommt, erregt sie sich derart, daß sie den The-rapeuten schlägt.*

– *Bank an der Wand: Sich an der Wand abstützend, steigt sie auf die Bank und geht, vom Therapeuten an der anderen Hand gehalten, ein Stück, steigt jedoch vor Ende der Bank wieder ab. Beim zweiten Ver-such macht sie größere Schritte und geht nicht mehr ganz so langsam.*

– *Rollbrett: Sowohl in der Bauchlage als auch in der Rückenlage zeigt Na-talie keine besondere Richtungsempfindlichkeit. Bei plötzlicher Beschleu-nigung oder ruckartiger Verlangsamung zeigt sie jedoch deutlich Angst.*

– *Drehstuhl: Natalie läßt sich sowohl rechts- als auch linksherum drehen. Bei plötzlichem Abbremsen des Stuhls zeigt sie Festhaltereaktionen.*

– *Spastikerball: Natalie legt sich selbst bäuchlings auf den Spastikerball und bewegt sich vorsichtig. Sie weigert sich jedoch, sich vom Therapeu-ten nach vorne rollen zu lassen. Auf dem Spastikerball sitzend, weigert sie sich zuerst, sich nach hinten ziehen zu lassen, sobald die Füße den Boden nicht mehr berühren. Beim dritten Versuch erträgt sie es solan-ge, bis die Füße ca. zehn Zentimeter vom Fußboden entfernt sind, bevor sie die Übung abbricht.*

– *Pedalo: Mit Hilfestellung (an den Händen festhalten) steigt sie auf das Pedalo auf. Ganz langsam, stark nach vorne gebeugt und vom Thera-peuten gestützt, kann sie zwei Bewegungen ertragen, bevor sie wieder absteigt. Beim zweiten Versuch, bei dem sie sich an der Wand abstützen kann, steigt sie nur kurz auf und sofort wieder ab.*

9.5.1985

a) HBG und WB:

– *Laufen über einen Parcours (Matratze, Sisalmatte, weicher Lappen, Knubbeldecke, Mob, Fell, Decke mit verschiedenen Materialien, Brett mit Plastikschlaufen, Kissen): Sie geht barfuß über den langen Par-cours. Bei unglatten Untergründen geht sie besonders langsam und vor-sichtig, besonders beim Schlaufenbrett.*

– *Laufen (ca. 8 Meter): Sie bewegt den Körper richtig, die Bewegungen wirken jedoch unharmonisch, tolpatschig.*

– *Röhre: Sie robbt halb durch die Röhre, halb zieht sie den Körper mit den Armen, ohne den Unterkörper zur Unterstützung der Fortbewegung zu benutzen.*

– *Ball fangen: Sie fängt den Ball, aus welcher Richtung er auch geworfen wird.*
– *Großes Schaukelbrett: Im Sitzen schaukelt sie alleine, nimmt dabei auch kurz die Beine vom Boden.*
– *Rollbrett: Im Sitzen, mit den Füßen auf dem Brett, läßt sie sich in alle Richtungen schieben, ziehen und drehen.*
– *Lageveränderungen: Natalie kann alle Lagen einnehmen. Sie kann im Liegen rollen und »Purzelbäume« schlagen.*
– *Ein-Bein-Stand: Mit offenen Augen kann sie ca. 10 sec. auf jeweils einem Bein stehen. Mit geschlossenen Augen steht sie ca. 3 sec. auf einem Bein. Sie gleicht ihr Gewicht dabei sowohl durch Armbewegungen als auch durch Hüpfen aus.*
– *Hüpfen: Mit offenen Augen kann sie sowohl auf einem als auch auf beiden Beinen hüpfen. Mit geschlossenen Augen fällt es ihr sichtlich schwer, auch nur wenige Hüpfbewegungen mit beiden Beinen zu machen.*

b) Taktiler Bereich:

– *Berührungen auf der Haut imitieren: Natalie kann genau angeben, an welcher Stelle sie berührt wurde, wenn sie die Augen geöffnet hat. Mit geschlossenen Augen zeigt sie die Stelle mit etwas Abweichung an. Bei zwei direkt nacheinander applizierten Berührungen zeigt sie diese in umgekehrter Reihenfolge an. Hierbei war die Abweichung beim ersten Versuch sehr groß. Bei den folgenden Versuchen wurde sie immer kleiner. Sie kann genau bezeichnen, wo sie am Rücken gekratzt wurde.*

c) Visueller Bereich:

– *Postrotatorischer Nystagmus: Nach intensivem Drehen auf einem Drehstuhl zeigt sie keinen postrotatorischen Nystagmus.*

Zusammenfassung:

Diese Übungen und die vorangegangenen Beobachtungen lassen nachstehende Schlußfolgerungen zu:

Natalies Haltung und Grobmotorik ist richtig ausgebildet, jedoch nicht ihrem Alter entsprechend. Ihre Bewegungen sind unharmonisch und abgehackt, besonders bei ihr unvertrauten Bewegungsabläufen. Vor allem die Verarbeitung vestibulärer Informationen und die Umsetzung in Haltung und Bewegung bereiten ihr Schwierigkeiten. Abstützreaktionen und Schutzreflexe sind nicht genügend in das Bewegungsrepertoire integriert.

Problemfelder bei der Diagnosestellung

1. Obwohl Natalies Niveau ausgereicht hätte, konnten die SCSIT nicht angewendet werden, da den Therapeuten die Tests nicht genügend vertraut sind, um sie korrekt durchzuführen.
2. Natalie hat starke Veränderungsängste. Auf Aufgaben, die ihr nicht vertraut sind, reagiert sie oft mit Angst und heftiger Erregung. So ist es nicht immer möglich gewesen, festzustellen, ob sie die Übung nicht beherrschte oder ob sie diese aus Angst verweigerte. Ebenso war es schwierig festzustellen, ob sie nach mehreren Versuchen die Übung gelernt oder ihre Angst vor ihr überwunden hatte.
3. Die Testdurchführung lag bei ihrem Therapeuten, da Natalie starke Veränderungsängste hat und ihr die Verfasser nicht vertraut waren. Dem Therapeuten war die sensorische Integrationstherapie wenig bekannt.

5.5.3 Zur Durchführung des Trainingsprogramms

Das Therapieprogramm enthielt – nach Absprache mit Natalies Therapeuten und den Eltern – drei Bereiche:

1. Verarbeitung von Vestibulär-Information
2. Rhythmik / Koordination
3. Umsetzung vestibulärer, visueller und propriozeptiver Informationen in Haltung und Bewegung

Zu 1: Natalie erhielt strukturiert vestibuläre Informationen, d.h. sie wurde auf der Schaukel, dem Drehstuhl oder dem Rollbrett bewegt. Ziel war, daß sie sich bei der Aufnahme dieser Informationen nicht mehr verkrampfte.
Zu 2: Nach vorgegebenem Rhythmus, z.B. mit einer Trommel, wurden Übungen wie »Hampelmann machen« oder »auf kleinen Säckchen laufen« durchgeführt. Durch diese Übungen sollte sie lernen, ihre Bewegungen besser zu planen und zu koordinieren.
Zu 3: Folgende Lernziele wurden formuliert: Sie sollte auf verschiedenen Geräten, auf der Wippe, dem Schaukelbrett, dem Therapiekreisel stehen und ihr Gleichgewicht halten können. Des weiteren sollte sie in der Lage sein, über verschiedene Untergründe und Hindernisse zu gehen. Hierbei

achteten wir darauf, nach jeder Übung eine Entspannungseinheit einzuhalten, um ihr Erregungsniveau nicht zu sehr zu erhöhen.

5.5.4 Der Verlauf der Therapie und ihre Probleme

Natalie erhält einmal wöchentlich eine Doppelstunde Therapie in der Ambulanz für autistische Kinder, wobei ihr für die zweite Stunde ein anderer Therapeut als für die erste zur Verfügung steht.

Abb. 11: Eine schwierige Übung! Natalie steht auf dem Schaukelbrett.

Im Verlauf dieser Untersuchung wurde den Verfassern von beiden Therapeuten pro Stunde je fünfzehn Minuten zur Durchführung des Therapieprogramms zur sensorischen Integration eingeräumt. Die Struktur der Doppelstunde gliederte sich wie folgt: Zunächst lernte Natalie eine halbe Stunde lang in einem kleinen Raum am Tisch. Danach wurden 30 Minuten lang sensorisch-integrative Übungen in einem anderen Raum durchgeführt. Anschließend lernte Natalie in einem kleinen Raum am Tisch.

Obwohl der zweifache Therapeutenwechsel in jeder Doppelstunde Natalie belastete, erleichterte er gleichzeitig die Strukturierung der Therapie. Je-

Abb. 12: Schaukeln macht Spaß!

der Abschnitt wurde von einem anderen Therapeuten in einem anderen Raum durchgeführt, so daß Natalie durch den äußeren Wechsel die Anpassung an differierende Inhalte besser vollziehen konnte.

Es war nicht möglich, die Mutter direkt in die Therapie miteinzubeziehen, da Natalie sich weigerte, in deren Anwesenheit mitzuarbeiten und die Mutter jedesmal aufforderte, den Raum zu verlassen. In der ganzen Zeit holte sie nur ein einziges Mal die Mutter in den Therapieraum, um ihr das Kugelbecken zu zeigen, welches ihr großes Vergnügen bereitet hatte. Die Mutter sollte es sich kurz ansehen, wurde dann von Natalie aber sofort wieder aufgefordert, hinauszugehen.

Wir versuchten deshalb, die Mutter durch Gespräche über Sinn und Zweck unserer Untersuchung zu unterrichten. Außerdem zeigten wir ihr Video-Aufnahmen von ihrer Tochter und gaben Hinweise, welche Art von Übungen sie auch zu Hause durchführen kann.

Zu Beginn der Untersuchung führte der zuständige Therapeut, wie oben erwähnt, die Übungen unter Anleitung der Untersucherin durch. In der Übungsphase selbst gewöhnte Natalie sich sehr schnell an die neue Übungsleiterin, so daß bereits nach zwei Wochen die Anwesenheit des Therapeuten nicht mehr notwendig war. Natalie zeigte sehr deutlich, daß sie den Abschnitt der sensorisch-integrativen Therapie der Untersucherin zuordnete. Dieses ging soweit, daß sie einmal aus Enttäuschung oder Wut den Therapeuten schlug, als dieses ihr mitteilte, daß die Untersucherin verhindert sei.

Zu Anfang der Übungsphase wurde der Ablauf des Trainingsprogramms immer gleich strukturiert. Im Verlauf der Therapie wurden die Übungsteile jedoch modifiziert, da sich ein starres Klammern an das Programm als hinderlich erwies. Der Bereich Rhythmik/Koordination wurde ganz aus dem Programm genommen, da er Natalie überforderte. Sie konnte die Übungen nicht durchführen, da sie die einzelnen Teile der Übung nicht genügend beherrschte, um sie rhythmisch auszuführen. So hätte erst das Laufen auf Säckchen geübt werden müssen, bevor die eigentliche Übung, das Laufen nach vorgegebenem Rhythmus, hätte gelernt werden können.

Unser Augenmerk richtete sich auf die Verarbeitung vestibulärer Information und deren Umsetzung in Haltung und Bewegung. Dazu wurden mit Natalie Übungen an den oben erwähnten Geräten durchgeführt. Zusätzlich wurden einzelne Bewegungsabläufe geübt, z.B. die Gewichtsverlagerung von einem Bein auf das andere durch Hüftrotation und wechselseitiges Strecken und Beugen der Beine. Diese Übungen wurden zunächst am Boden und später auf den Geräten durchgeführt.

Das größte Problem während der Therapie stellte das Erkennen von Überforderungssituationen dar. Natalie hatte stets große Angst vor neuen

Übungen oder unbekannten Geräten. Diese Angst äußerte sich in Anspannung, Verkrampfung ihres Körpers, Erregung und autoaggressivem Verhalten, wie sich in die Hand/Arme zu beißen oder an den Kopf zu schlagen. Um Übungen durchzuführen, mußte Natalie ein gewisses Maß an Angst zugemutet werden. Es war schwierig zu erkennen, wann die Forderung zur Überforderung wurde.

Zu Anfang der Therapie kam es mehrmals zu Überforderungssituationen, denen sie sich nur dadurch entziehen konnte, daß sie sich selbst biß oder den Therapeuten, später dann die Untersucherin schlug. In einem Fall schlug sie sogar unbeteiligte Personen und biß die Übungsleiterin in den Arm.

Dieses schmerzhafte und drastische Ereignis führte zu einer Reflexion und Korrektur des Therapieplans und der Art seiner Durchführung. Die darauf folgende Arbeit bezog Natalies Angst vor den Übungen viel mehr als vorher mit ein. Sie wurde u.a. stets aufgefordert zu benennen, ob die Übung Spaß macht oder Angst auslöst, was der angstauslösende Faktor ist, ob sie die Übung abbrechen und gegebenenfalls später fortsetzen will. Schon bei Anzeichen von Verkrampfungen, wie steifes Aufrichten des Oberkörpers, heftiges Atmen etc., wurde die Übung sofort unterbrochen und Natalie aufgefordert, tief durchzuatmen, die Muskeln zu lockern und sich bewußt zu entspannen. Diese Entspannungsübungen waren vorher mit ihr geübt worden. In den meisten Situationen halfen diese, die Anspannung zu verringern, und die Übung konnte wieder aufgenommen werden. In einigen Fällen, in denen es ihr nicht gelang, sich zu entspannen, wurde auf die Fortsetzung der Übung verzichtet. Wir führten Natalie nicht mehr wie bisher an die Grenzen ihrer Belastbarkeit, sondern brachen die Übungen lieber zu früh ab, auch wenn dadurch der Lernerfolg zunächst herabgesetzt schien (108).

Zusammenfassung:

Im Verlauf der Therapie traten folgende Probleme auf:

1. Natalie mußte sich an eine dritte Übungsleiterin gewöhnen.
2. Die Mutter konnte nicht direkt in die Therapie miteinbezogen werden, da Natalie sich weigerte, in deren Anwesenheit mitzuarbeiten.
3. Es war schwierig, die Grenze zwischen Forderung und Überforderung zu erkennen.
4. Der Bereich Rhythmik/Koordination überforderte Natalie und mußte deshalb ganz aus dem Trainingsprogramm genommen werden.

5. Natalie hatte stets große Angst vor neuen Übungen und unbekannten Geräten. Da sie sich schnell erregte, mußten Übungen oft abgebrochen werden.

5.5.5 Die Ergebnisse der Therapie

Natalie hat während der Untersuchung insgesamt 16 Doppelstunden Therapie erhalten, davon waren jeweils 30 Minuten für Übungen zur sensorischen Integration. Diese relativ kurze Zeit hat erstaunliche Ergebnisse gezeitigt. Natalie beherrscht die Übungen wesentlich besser. Besonders eindrucksvoll sind ihre Leistungen auf der Bank und dem Spastikerball. Sie steigt mittlerweile alleine auf die Bank, geht auf dieser, steigt auf eine zweite Bank (Zwischenraum ca. 40 cm), wendet am Ende der zweiten Bank (dieses mit Hilfestellung) und geht alleine wieder zurück (vgl. dazu S. 85). Auf dem Spastikerball liegt sie auf dem Bauch, hebt Arme und Beine weit nach oben (Flugzeughaltung) und läßt sich in alle Richtungen bewegen. Im Sitzen läßt sie sich in alle Richtungen bewegen, solange sie festgehalten wird. Sie erträgt es bereits, kurz losgelassen zu werden, wenn sie sicher ist, daß die Hilfestellung jederzeit wieder einsetzen kann (vgl. dazu S. 85). Auch bei allen anderen Übungen sind ihre Leistungen erheblich besser geworden. Bei diesen Fortschritten handelt es sich nicht um Einzelerfolge an bestimmten Geräten, sondern um eine generalisierte Verbesserung. Dieses wurde deutlich, als sie auf dem Pedalo, welches in der Trainingsphase nie benutzt wurde, ebenfalls erstaunliche Fortschritte zeigte. Im allgemeinen bewegt sich Natalie viel geschickter und harmonischer als zu Beginn der Therapie. Sie wendet das Gelernte auch außerhalb der Therapiesituation an, steigt auf kleine Mauern und geht auf ihnen entlang, ohne die Hilfe anderer in Anspruch zu nehmen.

Wichtiger als die verbesserten Leistungen im motorischen Bereich sind die Veränderungen, die in Natalies Verhalten eingetreten sind. Während sie früher vor unbekannten Geräten und neuen Aufgaben voller Angst zurückgeschreckt ist, zeigt sie jetzt ein deutlich ambivalentes Verhalten. Einerseits besteht die Angst immer noch, andererseits fühlt sie sich zu den Aufgaben so sehr hingezogen, daß sie ihre Angst selbst überwindet und auf neue Aufgaben zugeht. Sie hat gelernt, ihre Angst zu verbalisieren und um Hilfe zu bitten. Dieses Verhalten zeigt sie nach Aussagen der Eltern und der Therapeuten auch in anderen Bereichen. Die Mutter berichtete, daß Natalie nicht mehr »so ängstlich ist bei allem« (Zitat). Sie sei selbstbewußter und selbständiger geworden, Provokationen und Stereotypien hätten erheblich nachgelassen. Auch die Therapeuten bestätigen dies. Sie ist nach deren Aussage »insgesamt ausgeglichener, aufgeschlossener, zugänglicher« und »wenig hektisch«, »bittet um Hilfe«, wenn sie etwas nicht beherrscht (Zitat des Therapeuten). Sie »gibt sich mehr Mühe«, »fragt nach Sachen«, die sie nicht versteht, »will, daß man ihr hilft«, »fragt, wenn sie etwas nicht weiß«, hat sich im Allgemeinverhalten »stark gebessert« (Zitate der zweiten Therapeutin). In diesem Zusammenhang bemerkte einer der Therapeuten, er sei erstaunt, daß sich das gute Verhältnis zwischen Übungsleiterin und Natalie, das »sicherlich mit der Tätigkeit zusammenhängt« (Zitat), so schnell aufgebaut habe. Im Ganzen sei Natalies Verhalten positiv verändert. Auch der Vater erklärte erstaunt, daß sie ruhiger geworden sei, um Hilfe frage und sich korrigieren lasse.

Ein weiteres Ergebnis des Trainings ist die Steigerung ihrer Leistungen in anderen Bereichen. In einem Fall führten die sensomotorischen Übungen dazu, daß sie gleiche Rechenaufgaben, die sie vor den Übungen in 15 Minuten gelöst hatte, danach in einem Zeitraum von 3 Minuten löste. Dies war ein Hinweis auf die Richtigkeit unserer Vermutungen. So deutliche Anhaltspunkte waren natürlich nur die Ausnahme. Es stellte sich aber heraus, daß Natalie insgesamt im Anschluß an die Übungen eine verbesserte Lernfähigkeit zeigte.

5.5.6 Probleme der Erfolgskontrolle / Interpretation der Ergebnisse

Im Bereich der motorischen Übungen läßt sich durch den Vergleich der Leistungen vor und nach der Trainingsphase eindeutig feststellen, daß Natalie große Fortschritte gemacht hat. Durch die Beobachtungen der Eltern und der Therapeuten wurde bestätigt, daß diese Fortschritte sich nicht allein auf die trainierten Aufgaben, sondern allgemein auf die gesamte motorische Entwicklung beziehen. Allerdings lassen sich diese Verbesserungen nicht messen und vergleichen, da uns geeignete Kriterien und Tests dafür nicht zur Verfügung stehen.

Die Veränderungen in Natalies Motivation und im Allgemeinverhalten führen wir, wenn auch nicht ausschließlich, auf die Behandlung zur sensorischen Integration zurück. Natalie beherrscht ihren Körper besser als vorher, Bewegungsabläufe, die früher ihre gesamte Aufmerksamkeit beansprucht haben, laufen jetzt z.T. »automatisch« ab und die Aufmerksamkeit kann sich jetzt auch auf andere Bereiche des Lernens und Handelns ausweiten und konzentrieren.

5.6 Kind VI: Katharina, geb. 1975

8 Jahre

5.6.1 Zur Ausgangssituation

a) Krankengeschichte

Katharina kam 1975 als zweites von zwei Kindern zur Welt. Ihre ältere Schwester ist geistig behindert. Über Schwierigkeiten bei der Geburt von Katharina ist nichts bekannt.

Bis zum sechsten Lebensmonat entdeckten die Eltern keinerlei Anzeichen für eine Fehlentwicklung. Katharina war ein ruhiges, fröhliches Baby, das sich freute, auf den Arm genommen zu werden. Allerdings hatte sie Schwierigkeiten bei der Nahrungsaufnahme, erbrach bis zum neunten Monat die Milch und ihre Umstellung auf feste Nahrung dauerte ungewöhnlich lange. Auch schlief sie schlecht ein, wachte nachts oft auf und war sehr unruhig. Die motorische Entwicklung war verlangsamt. Im Alter von sieben Monaten begann sie, nach Gegenständen zu greifen, konnte mit vierzehn Monaten frei sitzen und lernte im Alter von zwei Jahren frei zu stehen und zu laufen.

Nach Auskunft der Mutter wurde bei Katharina eine Chromosomenanomalie sowie Hirnschädigung nachgewiesen. Genauere Angaben liegen dazu nicht vor.

Katharina wird in einer Tagesstätte für Geistigbehinderte betreut. Diese empfahl der Mutter auch, sich zwecks spezieller Förderung ihrer Tochter an die Ambulanz für autistische Kinder in Bremen zu wenden.

b) Therapieverlauf / Beobachtungen / Entwicklungsstand

Katharina kam 1983 im Alter von acht Jahren in die Förderung der Ambulanz für autistische Kinder. Die Beobachtung ergab dort folgendes Bild:

In den Phasen der Selbstbeschäftigung nahm sie Material, kippte es auf den Boden und benutzte es für stereotypes Verhalten, meist visueller oder taktiler Art. Ihre Bewegungen waren hypermotorisch und unsicher, vor allem die der Hände. Akustischen Reizen gegenüber war sie sehr aufmerksam, zeigte deutliche Orientierungsreaktionen, lauschte Stimmen im Nebenzimmer. Sie hörte gerne rhythmische Musik und bewegte sich dazu. Katharina zeigte ein gutes Arbeitsverhalten. Sie setzte sich bereitwillig an den Tisch und arbeitete ihren Fähigkeiten entsprechend mit, ermüdete jedoch sehr rasch dabei (nach ca. zehn Minuten).

Unter Verwendung von Kleinkindspielzeug und des »P.E.P. Entwicklungs- und Verhaltensprofils« (109) wurde Katharinas Entwicklungsstand bestimmt. Demnach entsprachen ihre Leistungen dem eines 1,7 Jahre alten Kindes. Ihr chronologisches Alter betrug zu dem Zeitpunkt 8,5 Jahre. Am weitesten entwickelt war bei ihr der Bereich der Wahrnehmung. Sie konnte z.B. einfache Formen eines Puzzles zuordnen, nahm akustische Reize sehr gut wahr und fand einen unter einem Becher versteckten Keks. Im grobmotorischen Bereich hatte Katharina ebenfalls Stärken. Sie konnte sehr geschickt klettern, schob sich mit den Füßen auf einem Laufgestell vorwärts und balancierte auf dem Schwebebalken. In diesen Bereichen war sie auf dem Entwicklungsstand einer Dreijährigen. Im Bereich der Feinmotorik hatte sie demgegenüber sehr große Defizite. Tätigkeiten wie Schneiden, Perlen auffädeln oder Dosen öffnen fielen ihr sehr schwer. Auch die Auge-Hand-Koordination gelang ihr nur in eingeschränktem Maß. Sie hatte z.B. Schwierigkeiten, einen Turm aus Klötzen zu bauen, konnte ein Puzzle-Teil nur mit Mühe in ein Puzzle einpassen. Die Fähigkeit zur Imitation war nur wenig entwickelt, ebenso die Fähigkeiten im kognitiven Bereich (z.B. Farben und Formen zuordnen). Sie befolgte einige sprachliche Anweisungen, auch wenn deren Sinn aus dem situativen Kontext nicht erkennbar war, hatte aber allgemein nur ein geringes Sprachverständnis und keine aktive Sprache. Allerdings benutzte sie Laute, um gestische Wunschäußerungen zu verstärken.

Da Katharinas Entwicklungsstand starke, wenn auch in den einzelnen Bereichen unterschiedlich schwere Retardierung aufwies und sie zudem autistisches Verhalten mittelschwerer Ausprägung zeigte, mußte die Therapie auf sehr niedrigem Niveau ansetzen. Durch einfache Übungen am Tisch wurde zunächst ihr Arbeitsverhalten verbessert, so daß sie in der Lage war, mit kurzen Pausen dreißig Minuten lang konzentriert mitzuarbeiten. Daraufhin wurden vor allem Übungen zur Erweiterung der Imitationsfähigkeit und zur Verbesserung der Leistungen im kognitiven Bereich durchgeführt.

Mittlerweile hat Katharina gelernt, verschiedene Laute und auch Körperbewegungen zu imitieren. Auch im kognitiven Bereich hat sie Fortschritte gemacht: Sie lernte, Farben, Formen und Abbildungen einander zuzuordnen, wobei sie gute Generalisierungsleistungen zeigte.

In der Lautanbahnung, als Vorstufe zur Sprachentwicklung, erzielte Katharina nur geringe Fortschritte. Deshalb wurde mit Handzeichentraining begonnen, um Katharina eine Verständigungsmöglichkeit zu geben.

5.6.2 Diagnose sensorischer Integrationsstörungen

Aufgrund von Katharinas schwerer Retardierung und ihres ausgeprägten autistischen Verhaltens konnte sie nur in wenigen Bereichen der sensorischen Integration getestet werden. Die Grundlage der Diagnose bildete bei ihr die klinische Beobachtung, die wir in der Anfangsphase durchführten. Erschwert und herausgezögert wurde diese durch den Umstand, daß aus organisatorischen und gesundheitlichen Gründen mehrmals Therapiestunden ausfielen, so daß sich die Beobachtungsphase auf die Zeit von drei Monaten ausdehnte.

Zur Diagnosestellung – unsere Beobachtungen im einzelnen

Haltung und Bewegung der Grobmotorik (HBG):

Katharina ist ein hypermotorisches Kind. In Phasen der Selbstbeschäftigung ist sie fröhlich, sehr bewegungsfreudig und tobt gerne. Sie ist jedoch schnell erschöpft, wird dann oft autoaggressiv, bohrt sich in den Augen oder beißt sich in die Hände. Vor allem im unteren Körperbereich zeigt sie viel grobmotorische Bewegungen, die Arme bewegt sie meist nur wenig und ihre Bewegungen im Oberkörperbereich sind wesentlich eingeschränkter. In Teilbereichen erscheinen ihre Bewegungen geplant und zielgerichtet; so kann sie gut und richtig nach Gegenständen greifen. Im Ganzen gesehen sind ihre Bewegungen jedoch nicht angemessen. Sie sind heftig und überschießend in der Ausführung, ihr Muskeltonus ist dabei oft sehr angespannt, so daß die Bewegungen zittrig wirken.

Katharina kann über weiche, rauhe oder glatte Untergründe, z.B. Matratzen oder Felle gehen, hat aber große Schwierigkeiten, wenn sie über eine Strecke mit unterschiedlichen Materialien gehen soll. Ihre Bewegungen werden dann ganz langsam und sie stockt zwischendurch. Bei grobmotorischen Übungen braucht sie meist die Hilfe des Therapeuten, z.B. bei Übungen auf den Schaukelbrettern, der Bank oder dem Spastikerball. Lediglich das Klettern an der Sprossenwand und das Krabbeln durch eine Röhre bewältigt sie ohne Hilfestellung. Bei allen Übungen mit Geräten gibt sie eine ängstliche Stimmung wieder.

Wahrnehmungsbereiche (WB):

a) vestibulär:

Katharina reagiert auf passives Bewegtwerden sehr ängstlich, wenn sie sich nicht festhalten kann oder gehalten wird (so z.B. auf der Schaukel, auf dem Rollbrett oder dem Therapiekreisel). Die Richtung der Bewegung ist dabei nicht von Bedeutung, schnelle oder abrupte Bewegungen verstärken diese Angst zusätzlich. Übungen, bei denen sie gehalten wird (z.B. wenn sie vom Therapeuten im Arm gehalten wird und dieser sich dreht), bereiten ihr z.T. sehr großes Vergnügen und sie verlangt dann, die Übungen zu wiederholen.

Katharina überwindet die Schwerkraft nicht aus eigenem Antrieb. So hält sie bei Gleichgewichtsübungen den Kopf nur entgegen der Schwerkraft, wenn sie jedesmal durch Worte oder Hilfestellung dazu aufgefordert wird. Auch bei eigenen Bewegungen zeigt sich Katharina ängstlich, wenn es darum geht, das Gleichgewicht zu bewahren. Sie braucht Hilfestellung, um auf dem Schaukelbrett oder der Wippe zu stehen.

b) taktil:

Katharina reagiert auf die Berührung der Haut empfindlich, jedoch sind bei den verschiedenen Materialien Unterschiede festzustellen. Leichte, weiche Materialien wie Fell und Federn erträgt sie, leichten Berührungen mit kratzigen, harten oder kalten Gegenständen wie Bürsten oder Metall versucht sie sich zu entziehen. Generell erträgt sie Berührungen nur, wenn sie sehen kann, daß sie berührt wird. Bei plötzlichen und unvorhergesehenen Berührungen schrickt sie heftig zusammen.

c) Hören:

Katharina hört normal und reagiert auf alle Geräusche, dabei bevorzugt sie die lauten. Sie spricht nicht und hat nur ein sehr geringes Sprachverständnis. Sie versteht nur alltägliche Aufforderungen, entnimmt den Sinn normalerweise aus dem situativen Kontext.

d) andere Bereiche:

Im olfaktorischen Bereich verhält sie sich unauffällig, ebenso im Bereich der Temperaturwahrnehmung. Sie scheint schmerzunterempfindlich zu sein.

Zusammenfassung

Insgesamt beobachteten wir Katharina über einen Zeitraum von drei Monaten, in dem sie sechs Therapie-Doppelstunden erhielt. Jeweils 15 Minuten einer Therapiestunde führte die Therapeutin Übungen zur sensorischen Integration durch.

Aufgrund von Katharinas Auffälligkeiten in Haltung und Bewegung der Grobmotorik, besonders der schlechten Bewegungsplanung sowie ihrer Schmerzunterempfindlichkeit, sind wir zu der Auffassung gelangt, daß im Bereich der Propriozeption Störungen vorliegen, die wiederum andere Bereiche beeinflussen. Die Verringerung dieser Störungen, in Verbindung mit der Behandlung der Störungen im Vestibularbereich, bilden somit die wichtigsten Ziele der Therapie.

Problemfelder bei der Diagnosestellung

1. Aus organisatorischen und gesundheitlichen Gründen zog sich die Diagnosephase über drei Monate hin, in denen immer wieder längere Unterbrechungen auftraten.
2. Aufgrund von Katharinas geringem Funktionsniveau konnten die SCSIT nicht angewendet werden. Auch die Anwendung »hausgemachter« Tests war sehr schwierig. Die Diagnose mußte sich im wesentlichen auf Beobachtungen stützen.
3. Es konnten immer nur kurze Therapiesequenzen (15 Min.) für die Diagnosebeobachtungen benutzt werden, da Katharina sehr schnell erschöpft war.
4. Katharina hat sowohl eine geringe Imitationsfähigkeit als auch ein geringes Sprachverständnis. Aus diesen Gründen war es für sie schwierig, unbekannte und ungewohnte Aufforderungen zu verstehen. Sie wußte oft nicht, was von ihr verlangt wurde, war verwirrt und wurde weinerlich oder autoaggressiv.
5. Die Therapeutin, die die Behandlung während der Diagnosephase durchführte, war derzeit nach ihrer persönlichen Einschätzung nicht genügend mit der sensorisch-integrativen Therapie vertraut. So traten in der Arbeit immer wieder Pausen ein, in denen Sinn und Ziel der Übung erklärt wurden. Katharina erhielt bei diesen Übungen unklare, zum Teil sich widersprechende Anleitung, so daß sie erheblich irritiert reagierte. Diese Irritation hatte starken Einfluß auf ihre Leistungen.

5.6.3 Zur Durchführung des Trainingsprogramms

Da der am schwersten gestörte Bereich der sensorischen Integration der der Propriozeption ist, haben wir für Katharina ein Programm entwickelt, das darauf hinarbeitet, ihre Eigenwahrnehmung zu verbessern. Dabei wurden die Übungen in drei Bereiche unterteilt:

1. Übungen zur verbesserten propriozeptiven Wahrnehmung in den Armen,
2. Übungen zur verbesserten propriozeptiven Wahrnehmung in den Beinen,
3. Übungen zur verbesserten Wahrnehmung des Körpers in seiner Gesamtheit (Körperschema).

Zusätzlich nahmen wir noch einen weiteren Bereich auf:

4. Übungen zur Verarbeitung vestibulärer Stimulation.

Zu 1: Katharina erhält vielfältige Stimulation im Bereich der Arme. Diese werden beklopft, massiert, gestreckt, gedreht, gebeugt, gebürstet und gestreichelt. Sie wird angewiesen, die Arme verstärkt zu benutzen, an die Wände zu klopfen, fest in die Hände zu klatschen und die Arme kreisen zu lassen.

Zu 2: Die Beine werden wie die Arme beklopft, massiert usw., sowohl im Liegen als auch im Stehen. Katharina soll im Sitzen mit den Füßen auf den Boden trommeln, kräftig an die Wände treten und im Stehen auf den Fußboden aufstampfen.

Zu 3: Der ganze Körper des Kindes wird massiert und beklopft. Katharina wird auf eine Matratze gelegt, mit einer anderen Matratze zugedeckt und dann mit dem Gewicht der Therapeutin langsam und fest belastet und in die Matratze gedrückt (Sandwich). Das Springen auf dem Fußboden und der Matratze wird verstärkt durchgeführt.

Zu 4: Katharina wird auf den Arm genommen und in alle Richtungen bewegt. Sie wird auf dem Schaukelbrett geschaukelt, auf dem Drehstuhl gedreht und in der Schaukel bewegt.

5.6.4 Der Verlauf der Therapie und ihre Probleme

Katharina erhält dreimal monatlich eine Doppelstunde Therapie, zu der sie von der Mutter gebracht wird. Einmal monatlich begleitet Katharina ein Mitarbeiter der Tagesstätte, in der sie untergebracht ist, in die Ambulanz für autistische Kinder. Sowohl die Mutter als auch der Mitarbeiter der Tagesstätte nehmen jeweils an der Therapie teil.

Für unsere Untersuchung zur sensorischen Integration stellte uns die Therapeutin pro Doppelstunde 30 Minuten zur Verfügung. In dieser Zeit wurden die Übungen von der Therapeutin durchgeführt (die Untersucherin nahm beobachtend und beratend teil), da der Mutter und dem Kind kein Therapeutenwechsel zugemutet werden sollte.

Diese Art der Durchführung brachte spezifische Probleme mit sich. Die Therapeutin war sich zu Beginn oft unsicher, ob sie die Übungen richtig gestaltete. Es fehlte ihr in vielen Fällen das Wissen, welchen Effekt eine Übung haben soll und dementsprechend, worauf sie im Besonderen zu achten hat. Aus diesem Grund kam es während der Therapiesequenzen wiederholt zu Nachfragen, die den Übungsablauf unterbrachen. Die Unsicherheit der Therapeutin und die Unterbrechungen irritierten Katharina und führten bei ihr zu Verunsicherung und damit verbunden zu selbststimulatorischen und autoaggressiven Handlungen.

Während die Therapeutin die Übungen durchführte, erklärte die Untersucherin der Mutter bzw. dem Mitarbeiter der Tagesstätte bei jeder Übung, welche Stimuli gegeben und welche Wirkung hervorgerufen werden sollte. So konnte ihnen der Sinn und die Wichtigkeit dieser Übungen z.T. verständlich gemacht werden.

In einem ausführlichen Gespräch mit dem Mitarbeiter der Tagesstätte wurden diesem Katharinas spezielle Defizite und deren Ursachen erklärt und mit ihm über die Möglichkeiten einer Teilnahme der Tagesstätte an der Behandlung gesprochen. Daraufhin erstellte die Untersucherin ein Übungsprogramm, das den Möglichkeiten und Grenzen der Tagesstätte Rechnung trug. So wurde darauf geachtet, wenig Material zu verwenden. Dieses Programm wurde zunächst unter Anleitung der Therapeutin und der Untersucherin in der Tagesstätte durchgeführt. Es war nicht möglich, den Mitarbeiter kontinuierlich zu supervidieren. Er konnte Schwierigkeiten nur telefonisch oder einmal monatlich in der Ambulanz mit der Therapeutin persönlich besprechen.

Der Mutter wurden nur solche Übungen vorgeschlagen, die sie in die Alltagssituation einbauen kann (z.B. Katharinas Körper nach dem Baden sehr ausgiebig einzucremen und dabei zu massieren), da die allgemeine Belastung der Mutter durch zwei behinderte Kinder schon sehr hoch ist.

Ein weiteres Problem bestand darin, daß Katharina aus verschiedenen Gründen mehrmals nicht zur Therapie kommen konnte. Dadurch war der Abstand zwischen den einzelnen Therapiesitzungen relativ groß, im Durchschnitt jeweils zwei Wochen.

Bei den Übungen stelle sich heraus, daß einige nicht durchführbar waren, da Material fehlte. Andere Übungen erforderten von der Therapeutin zuviel Kraft und mußten deshalb unterlassen werden. So waren Raum-Lage-Übungen auf dem Arm der Therapeutin zwar angezeigt, konnten aber nicht durchgeführt werden, da Katharina zu schwer ist. Einige Übungen mußten auch wegfallen oder stark verändert durchgeführt werden, da Katharina die Aufgabenstellung nicht verstand. So war es nicht möglich, ihr begreiflich zu machen, daß sie die Arme kreisen lassen soll. Sie ließ sich zwar bereitwillig anfassen und die Arme in Kreisen bewegen, verstand aber nicht, daß sie selbst diese Bewegungen ausführen sollte.

Zusammenfassung der Probleme

1. Die Übungen wurden von der zuständigen Therapeutin durchgeführt, die zunächst unsicher war in deren Ausführung. Dieses wirkte sich auf das Kind aus.
2. Die Untersucherin konnte der Mutter und dem Mitarbeiter der Tagesstätte nur zum Teil die Wichtigkeit der Übungen vermitteln.
3. Der Mitarbeiter der Tagesstätte konnte nicht supervidiert werden.
4. Aufgrund der hohen Allgemeinbelastung der Mutter konnte dieser nur wenig an Mitarbeit zugemutet werden.
5. Die Abstände zwischen den einzelnen Therapiesequenzen waren erheblich.
6. Einige Übungen mußten aus Materialmangel oder aus anderen Gründen unterlassen werden.
7. Katharina verstand manche Aufforderungen nicht.

5.6.5 Die Ergebnisse der Therapie

Katharina hat im Verlauf der Untersuchung insgesamt acht Doppelstunden Therapie erhalten, davon waren jeweils 30 Minuten für die Übungen zur sensorischen Integration.

Im Bereich der Verbesserung der einzelnen Fähigkeiten sind kleine Fortschritte sichtbar geworden. Sie arbeitet bei allen Übungen besser mit, beginnt, Übungen selber fortzuführen. Sie greift nach ihren Beinen und bestreicht diese, nachdem sie stimuliert wurden, verreibt Creme, die auf die Haut appliziert wurde. Ihr Gang, vorher polterig und zu heftig in der Ausführung der Bewegungen, ist harmonischer geworden.

Auffallend ist die Veränderung in ihrem allgemeinen Verhalten: Sie ist aktiver, frischer und ausdauernder und gleichzeitig ruhiger und zugänglicher geworden. Die Mutter berichtet, daß Katharina sich vorher die Zeit damit vertrieb, stundenlang vor der Heizung zu liegen und mit den Füßen dagegen zu trommeln. Jetzt geht sie im Haus herum, holt sich z.B. eine Decke und spielt damit. Abends kommt sie zur Mutter und verlangt, daß diese ihr die Beine beklopft und massiert. Die Mutter berichtet weiter, daß Katharina ihr jetzt oft ganz lange in die Augen schaue. Dies bestätigt auch die Therapeutin. Sie sagte, es sei, als ob Katharina sie das erste Mal wirklich gesehen habe. Außerdem hat das autoaggressive Verhalten stark nachgelassen. Katharina beißt sich kaum noch in die Hände und bohrt sich auch nur selten noch in den Augen.

Ihr gesamtes Arbeitsverhalten ist verbessert. Sie hört aufmerksamer zu, schaut die Therapeutin an und arbeitet mit. Sie konzentriert sich länger und kann jetzt bis zu 40 Minuten ohne Pause mitarbeiten, selbst wenn sie vorher nicht geruht hat (z.B. keinen Mittagsschlaf gehalten hat). Auch ihre Lernfähigkeit ist nach Auffassung der Therapeutin erweitert. War es vorher so, daß sich wiederholende Übungen in jeder Therapiestunde wieder neu gelernt werden mußten, so behält Katharina jetzt das Gelernte von einer Stunde zur nächsten und kann darauf aufbauen.

Ein weiteres wichtiges Ergebnis, daß sich zwar nicht direkt auf Katharina bezieht, wohl aber für den bisherigen und weiteren Verlauf der Therapie eine Rolle spielt, ist die veränderte Beziehung der Therapeutin zum Kind. Durch die bisher oft mühselige und durch viele Mißerfolge frustrierende Arbeit mit Katharina war die Therapeut-Kind-Beziehung stark belastet. Außerdem sah die Therapeutin Katharinas Defizite im motorischen Bereich, wußte aber nicht, wie sie diese wirksam verringern könnte. Die Behandlung mit Übungen zur sensorischen Integration gab ihr die Bestätigung über ihre Vermutungen und ein Instrumentarium zur Therapie. Dieses war nach ihren Worten eine große Hilfe. Durch das direkte körperliche Umgehen mit dem Kind, durch die Freude, die das Kind dabei ausstrahlt und nicht zuletzt durch die Erfolge, die zutage treten, hat die Therapeutin ein besseres und für beide Seiten befriedigenderes Verhältnis zum Kind gefunden. Dieses wirkt sich sowohl direkt in der Therapiesituation als auch allgemein positiv auf Katharina aus.

5.6.6 Probleme der Erfolgskontrolle / Interpretation der Ergebnisse

Im Bereich der Haltung und Bewegung der Grobmotorik hat Katharina kleine Fortschritte erzielt, wie sich durch Beobachtungen feststellen ließ. Erstaunlich sind die Auswirkungen auf ihr Lernverhalten, z.B. größere Konzentration, längere Ausdauer und bessere Gedächtnisleistungen sowie auf ihr Allgemeinverhalten.

Katharina scheint ihre Umwelt bewußter wahrzunehmen, schaut aufmerksam, fängt an, ihre Umgebung zu erkunden. Gleichzeitig hat ihr selbststimulatorisches Verhalten nachgelassen. Es scheint, daß sie jetzt auf Eigenstimulation verzichten kann, da sie Stimulation von außen erhält. Sie zeigt, daß sie diese will und braucht, da sie aktiv danach verlangt, stimuliert zu werden.

Diese Erfolge lassen sich ausschließlich auf einer qualitativen Ebene beschreiben. Da keine adäquaten Tests zur Verfügung stehen, sind sie nicht quantitativ meßbar.

Wir vermuten, daß diese Fortschritte auf eine verbesserte propriozeptive Wahrnehmung, was Ziel der sensorischen Integrationstherapie bei Katharina war, zurückzuführen sind. Wir können dies jedoch nicht mit Gewißheit behaupten, da Wahrnehmung an sich nicht meßbar ist.

Wir dürfen auch nicht ausschließen, obwohl wir persönlich anderer Meinung sind, daß die Fortschritte auch ohne unsere Behandlung eingetreten wären.

Sicherlich ist ein Teil des Erfolges auch der veränderten Beziehung der Therapeutin zum Kind zuzuschreiben. Wie groß dieser Einfluß auf die Ergebnisse der Therapie ist, vermögen wir jedoch nicht einzuschätzen.

Setzt man nun die Ergebnisse der Therapie mit der Anzahl der Therapiestunden in Beziehung, so ist es im Ganzen ein erstaunlich großer Erfolg (größer als wir es vermutet hätten). Eine Therapie könnte jedoch noch effektiver werden, wenn die Behandlung ausgedehnt werden könnte, sowohl in zeitlicher Dimension als auch in Hinblick auf die Eltern und die Tagesstätte.

5.7 Kind VII: Sabine, geb. 1978

Sabine, ein außergewöhnlich hübsches, meist fröhliches Kind, war von Anfang 1983 bis Mitte 1985 in der Ambulanz für autistische Kinder in Behandlung. Sie wurde den Verfassern von ihrer zuständigen Therapeutin für die Untersuchung empfohlen, da diese auffallende Defizite im motorischen Bereich festgestellt hatte. Die Beobachtungen im April/Mai 1985 während der Therapie haben dies bestätigt.

Besonders auffallend waren Sabines Schwierigkeiten in der Verarbeitung von Vestibulär-Informationen. Dieses fiel u.a. besonders dann deutlich ins Gewicht, wenn sie über verschiedene Untergründe gehen oder auf Geräten wie Schaukelbrett oder Spastikerball das Gleichgewicht halten sollte. Ihre Stütz- und Schutzreflexe waren mangelhaft ausgebildet. Sie stützte sich stets viel zu spät ab, wenn sie auf dem Spastikerball ins Rutschen kam. Entsprechend den fehlenden Stütz- und Schutzreflexen war auch der Schutz des Körpers mittels taktilem Abwehrsystem unterentwickelt. Sabine zeigte sich, was taktile Reize anging, vollkommen unterempfindlich gegenüber allen angebotenen Materialien. Auch ihre Schmerzempfindlichkeit schien extrem herabgesetzt.

Sabines geringes Alter und ihre großen Defizite im sensorisch-integrativen Bereich prädestinierten sie geradezu, an der Untersuchung teilzunehmen. Fortschritte in Richtung auf eine verbesserte Wahrnehmungsverarbeitung deuteten sich schon während der Diagnosephase an und ließen uns vermuten, daß sich bei entsprechend gezielter und intensiver Förderung in kurzer Zeit Sabines Integration von Wahrnehmungseindrücken normalisieren würde. Die Therapie mußte jedoch abgebrochen werden, da Sabine einen Schulplatz in einer Sonderschule für autistische Kinder bekam und somit ganz aus der Förderung durch die Ambulanz für autistische Kinder herausgenommen wurde.

6. Probleme von Diagnose, Therapie und Erfolgskontrolle

6.1 Probleme der Diagnose

Allgemeine, grundsätzliche diagnostische Schwierigkeiten bei autistischen Kindern bleiben für die Untersuchung möglicher sensorischer Integrationsstörungen (nach Ayres) relevant (110). Die Schwierigkeiten, autistische Kinder zu begutachten sind an anderer Stelle ausführlich beschreiben worden (111). Unsere besonderen Probleme bestanden vor allem darin, den Kindern einzelne Aufgabenstellungen zu vermitteln, ihre Veränderungsängste zu berücksichtigen bzw. zu überwinden und die spezifischen Reaktionen des Kindes genau zu beobachten und sorgfältig zu dokumentieren.

Die Diagnostizierung sensorisch-integrativer Dysfunktionen ist zur Zeit noch mit außergewöhnlich vielen Problemen verbunden (112). Zum Erkennen von Störungen entwickelte A. J. Ayres die sogenannten »Southern California Sensory Integration Tests« (113). Diese Tests erfordern vom Testleiter eine große Erfahrung in der Testanwendung und -durchführung und vom zu testenden Kind ein Niveau, welches autistische Kinder nur selten aufweisen. Die Tests liegen zur Zeit in deutscher Sprache nicht vor und erfüllen nicht die Testgütekriterien vergleichbarer deutscher Standard-Tests (114). Wir verwendeten die SCSIT daher nicht. Eine weitere Möglichkeit zur Orientierung bieten generell Falldarstellungen und Berichte über Diagnose- und/oder Therapieverläufe. Diese gibt es – soweit uns bekannt ist – im Moment noch nicht.

Für die klinische Beobachtung (115) hatten wir einen Stichwortkatalog (Umfang: 1 DIN A4-Seite) zur Verfügung. Dieser lieferte keine validen Kriterien. Um möglichst viele Kinder der Ambulanz in unsere Untersuchung einbeziehen zu können und unsere Beobachtungen zu strukturieren, entwickelten wir einen Fragebogen zur klinischen Beobachtung sensorischer Integrationsstörungen (116). Allerdings erwiesen sich unsere Kriterien/Fragen in diesem Fragebogen als ungenau und stark auf die qualitative Ebene bezogen.

Sensorische Integrationsstörungen werden auf der motorischen Ebene sichtbar und manifest. Dort konnten wir Bewegungsabläufe und motorische Ausdrucksformen beobachten, die uns auf die vermuteten Störungen schließen ließen. Dabei mußten wir feststellen, daß wir in der Beobachtung von Motorik ungeübt und daher unsicher waren (117). Uns fehlten Vergleiche mit gleichartigen, anders behinderten und nicht-behinderten Kindern. Die Beobachtungen fanden in einer »künstlichen Umgebung« (Ambulanz) statt, was unter Umständen zu einer Veränderung der Ergebnisse geführt hat. Möglicherweise beherrscht ein Kind bestimmte Aufgaben in seiner natürlichen Realität. Sinnvoll wäre die Beobachtung der autistischen Kinder in einer »normalen« Umgebung gewesen, z.B. in einer Kindergruppe. Häufig sahen wir uns mit Verfahrensunsicherheiten konfrontiert (z.B.: Wie testet man die Überkreuzung der Körpermittellinie?).

Autistische Kinder mit besonderen Stereotypien oder Ticks, Sprachverständnisschwierigkeiten, individuellen Veränderungsängsten, z.B. gegenüber der Person des Therapeuten, der veränderten Raumsituation (118) oder den neuen Inhalten, benötigen eine besondere Berücksichtigung ihrer individuellen Defizite. So konnte es sein, daß ein Kind einfache motorische Aufgaben, die es im allgemeinen leicht bewältigte, nicht erfüllen konnte, da sie von einem neuen, anderen Therapeuten gestellt wurden. Die Verwendung von Videoaufnahmen – zwecks besserer Beobachtung und anschließender Auswertung der Therapiestunde – führte bisweilen dazu, daß Kinder durch die Kamera oder die/den Kamerafrau/mann irritiert waren.

Unser Ziel war die Diagnose von Wahrnehmungsverarbeitungsstörungen. Beobachten konnten wir aber nur motorische Schwächen und Unvollkommenheiten. Zwischen Wahrnehmungsverarbeitungsstörungen und motorischen Schwächen liegt ein relativer Interpretationsspielraum, der durch die Literatur nicht ausreichend eingegrenzt wird. Wir fanden die Theorie (von Ayres) zum Teil recht schwer verständlich; ein Studium der vorhandenen Literatur reichte uns nicht aus. Es blieb immer ein Gefühl der Unsicherheit beim Diagnostiker (119). Man muß sich sehr – unabhängig von den Kenntnissen über sensorisch-integrative Prozesse – auf seine Erfahrung als Therapeut verlassen können. Unsere Unsicherheiten begründeten sich auch in der Tatsache, daß wir die von Ayres beschriebenen idealtypischen Störungsbilder bei Autisten nicht offensichtlich wiederfanden. Jedes autistisches Kind wies eine ganz eigentümliche Kombination von Symptomen auf, die den Therapeuten zu sehr individualisierter Arbeits- und Vorgehensweise zwang. Dadurch war es problematisch, Diagnosen zu vergleichen; wir konnten die Kinder kaum zueinander in Beziehung setzen.

6.2 Probleme der Therapie

Bei der Durchführung einer Therapie, beim Unterricht oder bei einem Arbeitsvorhaben können vielfältige Probleme auftreten. Die Veröffentlichungen über Probleme des (Schul-)Unterrichtes oder therapeutischer Behandlung im allgemeinen füllen inzwischen ganze Bibliotheken. Viele, sich häufig in therapeutischer Situation einstellende Probleme bei der Vorgehensweise, Therapeuten-Kind-Interaktion, bei Therapeutenfehlern u.ä. sind an anderer Stelle von zahlreichen Autoren bereits ausführlich diskutiert worden.

Wir werden uns daher auf die Beschreibung der Schwierigkeiten, mit denen wir uns konfrontiert sahen, beschränken. Uns ist bewußt, daß wir eine sehr kleine Gruppe von Kindern mit einer relativ seltenen Behinderung untersucht haben. Auf dem Gebiet der Therapie sensorischer Integrationsstörungen waren wir weitgehend Anfänger und Autodidakten. Viele der von uns im folgenden beschriebenen Probleme sind daher auch unter diesem Aspekt zu betrachten.

Im Oktober 1985 nahm der Verfasser an einer dreitägigen Fachtagung unter dem Titel: »Perzeption – Kommunikation – Interaktion« in Kiel teil. Neben einigen Einzelvorträgen besuchte er eine Arbeitsgruppe, deren Teilnehmer sich drei Tage lang sehr ausführlich mit Problemen der sensorischen Integration nach A.J. Ayres beschäftigten. Referentin war Frau Annemarie Koch, Beschäftigungstherapeutin am Institut von Dr. Inge Flehmig in Hamburg/Lüneburg (120). Sie referierte u.a. Grundsätze, die die Basis für das therapeutische Herangehen an sensorisch-integrative Dysfunktionen in den beiden Flehmig-Praxen bilden (121). Seit mehreren Jahren arbeiten in den Einrichtungen dieses Instituts Fachkräfte aus unterschiedlichen Fachrichtungen nach der sogenannten »Ayres-Methode«. Das Institut wird allgemein in Norddeutschland als führend auf diesem Gebiet angesehen.

Wir gehen davon aus, daß sich die »Flehmig'schen Grundsätze« weitgehend aus der Praxis heraus entwickelt haben und zum Teil auf jahrelanger Erfahrung in der Anwendung der Ayres-Theorie beruhen. Wir nehmen allerdings an, daß es sich um Anweisungen zum pädagogischen Vorgehen bei nicht-schwerst-behinderten Kindern handeln muß. Führte man eine sensorische Integrationsbehandlung auf der Basis der in Kiel referierten Grundsätze bei autistischen Kindern durch, so würde sie wahrscheinlich erfolglos bleiben. Wir vermuten, daß auf diese Weise die Berichte über die Erfolglosigkeit der Ayres-Methode bei Autisten zustandegekommen bzw. zu erklären sind.

Der Verlauf der Therapie wird durch bestimmte organisatorische Bedingungen determiniert: Von ganz entscheidender Bedeutung ist die Häufigkeit der Behandlung. Einige Kinder konnten wir zweimal pro Woche, andere nur einmal im Monat behandeln. Entsprechend der allgemeinen, auch andere Lern- und Lehrsituationen betreffenden Erfahrung glauben wir, daß der Entwicklungs-und Lernerfolg mit der Häufigkeit der Therapie wächst.

Manche Kinder wohnen so weit von der Ambulanz entfernt, daß sie bereits eineinhalb bis zwei Stunden im Auto gesessen haben, bevor die Therapie beginnen kann. Verständlicherweise zeigen solche Kinder dann nicht ihre »Bestform«. Die Behandlung von sensorischen Integrationsstörungen konnten wir in keinem Fall zu Hause bei den Kindern durchführen. Ein weiteres organisatorisches Problem war der Therapeutenwechsel, der durch die Beteiligung der Verfasser an der Therapie entstand. Teilweise kam es zu Unsicherheiten bei den Kindern, aber auch einfach zu einer Zunahme von Unruhe in der Ambulanz durch ein bis zwei zusätzlich anwesende Personen. Zeitweise fehlte benötigtes Material wie Trampolin, kleine Podeste, Schwungtücher, Schaukeln u.v.m. Wir fertigen dieses mitunter auf eigene Kosten selbst an.

Größtes Problem bei der Durchführung unserer Therapie war der Widerspruch zwischen flexibler, kreativer, dem Kind Raum zur Entfaltung gebender Gestaltung der Stunde und dem notwendigen Maß an Klarheit, Strukturiertheit und Selbstbeachtung zur Vermeidung von Überforderung und anderen Fehlern. Die Übungssituation mit dem autistischen Kind muß exakt strukturiert sein. Die Aufforderungen müssen – ob verbal oder non-verbal – für das Kind klar und unmißverständlich sein; es dürfen keine für das Kind unverstehbaren Abweichungen auftreten (122). Eine Überforderung des Kindes muß unter allen Umständen vermieden werden. Deutliches Lob – Worte helfen vielfach nicht – ermöglicht dem Kind eine Orientierung über Erfolg und Mißerfolg. Kinder mit eingeschränktem oder fehlendem Sprachverständnis und/oder Imitationsfähigkeit fordern behutsame Begleitung des Therapeuten durch Handführung und Hilfestellung, was bei Kindern mit »taktiler Abwehr« oder mit größerem Gewicht/Alter mitunter sehr schwierig sein kann.

Gleichzeitig soll die Therapie abwechslungsreich sein und dem Kind entsprechend seiner individuellen Aufnahme- und Verarbeitungskapazitäten so viel Neues anbieten, daß stereotypes Beschäftigen mit dem Material nicht entstehen kann und Probleme bei der Generalisierung des Gelernten nicht auftreten. Autistische Kinder reagieren nach unseren Erfahrungen jedoch auf eine phantasievoll gestaltete, abwechslungsreiche und dem Kind Raum zur Entfaltung gebende Therapie mit massiven Veränderungsängsten, Vertrauensverlust oder Unverständnis. Dabei ist gerade das Vertrauen des Kindes zum Therapeuten – hergestellt durch seine Kontinuität (123) – die Basis für den Fortgang der Entwicklung des Kindes. Bei einem Kind, welches sich alleingelassen fühlt bei der Bewältigung einer Aufgabe, tritt Überforderung sehr schnell auf.

Überforderungssituationen waren für uns während unserer Untersuchung in der konkreten Therapiesituation häufig ein Problem. Sie traten relativ oft auf, da wir an basalen Störungen arbeiteten. Um Überforderung zu erkennen, muß der Therapeut sich auf den eigenen Eindruck verlassen. Dazu ist es wichtig, daß er das Kind gut kennt und mit der Theorie der sensorischen Integration und ihrer praktischen Anwendung vertraut ist. Weiterhin besteht die Gefahr einer dauernden Überforderung durch zu umfangreiche Übungsprogramme und mangelnden hierarchischen Aufbau der einzelnen Übungsschritte. Unterschiedliche Übungen am gleichen Gerät verwirren die Kinder.

Unserer Erfahrung nach sind die autistischen Kinder in einer Atmosphäre der Ausgewogenheit zwischen Strukturiertheit und Flexibilität in der Lage, bei den an sie gestellten Aufgaben (motorischer Art) eigene Lösungswege zu suchen und diese zu finden. Ein Vorschalten kognitiver Prozesse (z.B. durch lange Erklärungen und wiederholte Aufforderungen) behindern diesen Lösungsprozeß.

Unsere Probleme, den Eltern der Kinder und den Mitarbeitern der verschiedenen Behinderteneinrichtungen den Sinn unserer Arbeit zu vermitteln, bestanden im wesentlichen darin, ihnen den Zusammenhang von motorischen Übungen und den daraus entstehenden Folgen für die Hirnverarbeitungsprozesse zu erläutern. Manche Eltern/Betreuer verstanden unsere Arbeit zunächst so, daß wir bestimmte Fertigkeiten trainieren und ähnlich wie beim üblichen Sport die Kinder zu besonderen Höchstleistungen bringen wollten. Daraus entstand beim – wohlgemeinten – Training zu Hause oder in der Einrichtung häufig eine Situation, die das Kind vollkommen überforderte. Die Eltern erhielten daher auf einem speziellen Schulungsseminar die wichtigsten Kenntnisse über hirnorganische Prozesse und die Therapie nach Ayres vermittelt. Mit den Mitarbeitern der Behinderteneinrichtungen führten wir vielfach Gespräche, konnten aber aus finanziellen und organisatorischen Gründen keine Seminare anbieten.

Bei der Behandlung von Störungen im sensorisch-integrativen Verarbeitungsprozeß bei autistischen Kindern treten grundsätzlich die gleichen Probleme auf, wie sie bei der Vermittlung anderer Lerninhalte bei autistischen Kindern bereits bekannt sind. Eine erfolgreiche Therapie autistischer Kinder muß die individuellen Defizite eines jeden Kindes berücksichtigen. Unsere Schwierigkeiten bestanden darin, die »typisch autistischen« Verhaltensweisen in die sensorische Integrationsbehandlung mit einzubeziehen. Dabei mußten wir unter anderem schlechtes oder fehlendes Sprachverständnis, häufige Auto- und Fremdaggressionen, Motivationslosigkeit und spezielle Ticks überwinden. Besonders heftige Stereotypen (Ordnungszwänge, Eßzwänge, motorische Stereotypien) behinderten bisweilen den Übungsablauf. Die autistischen Kinder zeigten anfangs wenig Motivation, überhaupt mitzuarbeiten. Da sie auf »Spielszenen«, Spielangebote oder andere kreative Gestaltungsmöglichkeiten (124) eher verwirrt reagierten, waren sie schwer zur Mitarbeit zu bewegen. Das autistische Insistieren auf Gleichförmigkeit behinderte teilweise fortschreitendes Lernen. So war es schwierig, Hilfestellung, die zunächst beidhändig gegeben wurde, auszuschleichen. Das Kind beharrte auf immer der gleichen Therapeutenhilfe, auch wenn es die Übung bereits ohne Hilfe allein bewältigen konnte.

Die vorhandenen Veröffentlichungen über die Theorie der sensorischen Integrationsstörungen reichen nach unserer Erfahrung nicht aus. Sie sind zu ungenau und hypothetisch. Eine Reihe von Problemen, die im Verlauf der Therapie für uns relevant waren, werden in der vorhandenen Literatur nicht erwähnt. Immer wieder standen wir in dem Widerspruch, eine bestimmte Verarbeitungsschwäche (z.B. im Vestibularsystem) in den Griff bekommen zu wollen, aber bei der Übungsbehandlung motorische Teilleistungen zu trainieren und dabei – aufgrund der Bedürfnisse der speziellen Behinderung – meist in einer recht stereotypen Gestaltung der Aufgaben stecken zu bleiben. Um eine bestimmte Verarbeitungsschwäche therapeutisch angehen zu können, ist das Üben von vielen verschiedenen motorischen Leistungen in unzähligen Varianten notwendig. Dieses kollidiert aber mit der autistischen Symptomatik. Außerdem ist die interne neuronale Verarbeitungstätigkeit einer therapeutischen Intervention nicht offensichtlich und für uns war es daher problematisch, zwischen »Nicht-Wollen» und »Nicht-Können« zu unterscheiden.

Die von Ayres beschriebenen Spätfolgen einer Therapie konnten wir bei den autistischen Kindern in keinem Fall beobachten bzw. ist uns nie darüber berichtet worden.

In der Theorie zu kurz gekommen erschien uns auch der Teil »Arbeit mit Eltern/Betreuern«. Unserer Erfahrung nach wird die Therapie der sensorischen Integration allein von den Eltern und Betreuern nicht akzeptiert. Ein Teil der Therapiezeit soll auch für andere Inhalte verwendet werden, »damit das Kind auch mal was Richtiges lernt!« (Zitat einer Mutter)

Die Theorie der sensorischen Integrationsbehandlung bzw. die Anweisungen zur praktischen Arbeit sind nicht ausreichend. Dadurch entsteht das Gefühl von Inkompetenz beim Therapeuten. Anfangs begegneten wir – wie auch unsere Kollegen in der Ambulanz – den Ideen von A. J. Ayres mit Euphorie. Aber wir mußten feststellen, daß auch von dieser Theorie keine »Wunderwirkungen« zu erwarten waren. Die Enttäuschung darüber blieb nicht aus.

Viele der Übungen und Aufgaben waren nicht nur für die Kinder, sondern auch für uns Therapeuten neu. Oft entstand die Unsicherheit: Wie vermittle ich dem Kind die Aufgabe? Mache ich alles richtig? Ist das jetzt die richtige Hilfestellung? Da in der Ambulanz zur Zeit keine Beschäftigungstherapeuten arbeiten, konnte niemand von uns an einer Ausbildung zur Behandlung von sensorischen Integrationsstörungen teilnehmen. Vielfach hätte eine fachkundige Supervision wertvolle Hilfe bieten können. So befanden wir uns immer im Widerstreit zwischen »Lernen« und »Lehren«.

6.3 Probleme der Erfolgskontrolle

Der Einfluß verbesserter sensorischer Integrationstätigkeit auf kortikale Schichten und damit auf kognitive Prozesse ist nicht beweisbar. Standardisierte Tests messen jeweils nur Teilbereiche des Komplexes »sensorische Integration«. Dies gilt auch für die SCSIT. Andere Tests messen die Fähigkeiten in der kognitiven Wahrnehmung. Der Zusammenhang zwischen verbesserter sensorischer Integrationstätigkeit und verbesserten kognitiven Verarbeitungsprozessen kann jedoch nur durch Rückschlüsse aus den Ergebnissen hergestellt werden. Inwieweit die Behandlung sensorischer Integrationsstörungen zur Entwicklung der Persönlichkeit und der Identitätsfindung eines Kindes beiträgt, kann nicht geschlußfolgert werden.

Die Erfolge der von uns untersuchten autistischen Kinder können wir untereinander nicht vergleichen. Die autistischen Kinder sind von ihrer Persönlichkeit her sehr unterschiedlich. Ebenso waren sie von den Voraussetzungen her (Alter, Niveau, bisherige Therapiedauer, Ausprägung des autistischen Syndroms etc.) nicht vergleichbar. Auch waren die Störungen der sensorischen Integration und die daraus resultierenden Therapieinhalte bei den von uns untersuchten Kindern zu unterschiedlich. Es besteht nicht die Möglichkeit, die Erfolge der von uns untersuchten Kinder mit Berichten über andere autistische Kinder, die nach der »Ayres-Methode« behandelt wurden, zu vergleichen, da uns keine Untersuchung dieser Art bekannt ist. Unsere Ergebnisse sind somit als Einzelergebnisse zu sehen und zu werten. Eine Zusammenfassung kann allenfalls Tendenzen, Trends und Möglichkeiten aufzeigen.

Die Schwierigkeiten exakter Datenmessung vor der therapeutischen Intervention haben wir bereits in Abschnitt 6.1 benannt. Uns fehlen geeignete Tests, Kriterien und Methoden, die eine »objektive Datenmessung« ermöglicht hätten. Uns sind keine Untersuchungen bekannt, deren Ergebnisse die Dauer einer sensorischen Integrationsbehandlung zeitlich oder inhaltlich festlegen oder zumindest eingrenzen. Die Beendigung einer Programmeinheit liegt daher vollkommen im Ermessen eines Therapeuten. Die Erfolge, die wir bei den von uns untersuchten Kindern verzeichneten, erfüllen nicht die Kriterien der Validität und der Reliabilität (125). Wir sind aber der Auffassung, daß unsere Beschreibungen und die Darstellung der Erfolgsmöglichkeiten in ihrer qualitativen Bewertung einen hohen Demonstrationswert besitzen.

7. Ergebnisse unserer Untersuchung

Zusammenfassung

Im Rahmen dieser Untersuchung führten wir 1985 bei sechs autistischen Kindern ein halbes Jahr lang eine Behandlung ihrer sensorischen Integrationsstörungen durch.

Die von uns als Vorüberlegungen formulierten Thesen konnten wir dabei verifizieren. Aufgrund der Ergebnisse kann als erwiesen angesehen werden, daß die Behandlung sensorischer Integrationsstörungen ein sinnvoller und notwendiger Bestandteil der Autismustherapie ist.

Wir beschrieben die Diagnose- und Therapieverläufe der von uns behandelten Kinder und stellten dabei die Probleme von Diagnostik, therapeutischer Intervention und Kontrolle der angestrebten Ziele in den Vordergrund.

Die dokumentierten Probleme können nicht uneingeschränkt verallgemeinert werden, da sie bei der Behandlung einer relativ kleinen Gruppe von autistischen Kindern entstanden.

Zusammenfassend läßt sich in bezug auf die Lösung einer Reihe von Problemen folgendes festhalten:

Eine qualifizierte Ausbildung, flexible Arbeitsplatzgestaltung, genaue Kenntnis des autistischen Syndroms und des zu behandelnden Kindes, mehrjährige Berufserfahrung sowie gründliche Einarbeitung in Theorie und Praxis der sensorischen Integrationstherapie reduzieren deutlich die möglicherweise auftretenden Probleme.

Diskussion

Ziel dieser Untersuchung war die Beschreibung und Dokumentation von Problemen, die bei der Behandlung sensorischer Integrationsstörungen autistischer Kinder auftreten.

Dabei gingen wir von einem bestimmten Verständnis vom Autismus aus. Die Thesen unserer Vorüberlegungen wollen wir im folgenden kurz diskutieren.

Die autistische Symptomatik begründet sich in einer für jedes Kind individuell zu beschreibenden Wahrnehmungsverarbeitungsstörung.
Der Nachweis der Richtigkeit dieser These war nicht Gegenstand dieser Arbeit. Dennoch stützen die Lernerfolge und Entwicklungsfortschritte der autistischen Kinder diese Aussage auch weiterhin. Durch die Behandlung ihrer individuellen Wahrnehmungsverarbeitungsstörungen wurde ihre autistische Abgeschiedenheit reduziert.

Autistische Kinder sind in bezug auf ihre Wahrnehmungen desintegriert. Diese Desintegration ist ein Teil ihres autistischen Syndroms.
Die Störungen der sensorischen Integration, d.h. die fehlerhafte Verarbeitung, Verschaltung und Verknüpfung von Wahrnehmungen im vestibulären, taktil-kinästhetischen und propriozeptiven Bereich, führen bei Kindern zu bestimmten, individuell beschreibbaren Verhaltensauffälligkeiten. Diese Auffälligkeiten werden häufig bei Autisten als Symptome des Autismus beschrieben (126). Wir konnten in dieser Untersuchung zeigen, daß ein Abbau von Störungen in der Wahrnehmungsverarbeitung (z.B. bei Sebastian und Katharina) den Kindern einen Aufbau von adäquatem Verhalten ermöglicht. Dadurch werden sie in die Lage versetzt, an dem Geschehen um sie herum, in der Familie, in der Gruppe wie in der Gesellschaft, teilzunehmen.

Störungen der sensorischen Integration – wie Ayres sie versteht – können durch eine spezielle Art der Therapie weitgehend beseitigt werden. Damit gehen Verbesserungen in der Lernbereitschaft und Lernmotivation auch in anderen – vor allem in höheren Hirnschichten, auf kortikalem Niveau angesiedelten – Bereichen einher.
Im ersten Teil des Abschnittes 6.2 deuteten wir kurz einige therapeutische Grundsätze an, die sich aus der Praxis heraus bei der Behandlung sensorischer Integrationsstörungen bei nicht-autistischen Kindern entwickelt haben. Autistische Kinder dagegen brauchen unserer Erfahrung nach aber eine andersartige Behandlung, die sich in wesentlichen Punkten von diesen Grundsätzen unterscheidet. Wichtigste Basis für das erfolgreiche Lernen autistischer Kinder ist die Klarheit, Strukturiertheit und Eindeutigkeit der Situation, des Therapeuten und des angebotenen Inhalts.

Verwendet man also die Erfahrungen, die zahlreiche Praktiker bei der Therapie autistischer Kinder in den vergangenen Jahren gesammelt und beschrieben haben, so können Störungen der sensorischen Integration bei Autisten wirksam vermindert werden. Inwieweit sie sich gänzlich beseitigen lassen, können wir nach unserer Untersuchung nicht beurteilen.

Verbesserungen in der Lernbereitschaft und Lernmotivation der Kinder sind nach unserer Behandlung bei allen Kindern zu beobachten gewesen. In einem Fall konnten wir unsere These konkret bei der Lösung von Rechenaufgaben verifizieren (127).

Auch bei autistischen Kindern können sensorisch-integrative Dysfunktionen abgebaut werden.

Alle Kinder, die wir während des Untersuchungszeitraums behandelten, reagierten positiv auf die Therapie. Allerdings war der Verlauf der Entwicklung bei allen Kindern sehr unterschiedlich. Sebastian und Natalie zeigten die deutlichsten Fortschritte, Lothar dagegen die geringsten. Entscheidend war hier die Ausprägung der sensorisch-integrativen Dysfunktionen und des Autismus sowie die Häufigkeit der Therapie und die Mitarbeit von Eltern und Institutionen.

Die Behandlung sensorischer Integrationsstörungen ist ein notwendiger und sinnvoller Teil der Autismustherapie.

Einige der von uns untersuchten Kinder wurden bereits seit mehreren Jahren wegen ihres Autismus therapeutisch behandelt. Bei der Durchsicht der Akten zur Krankengeschichte zeigte sich, daß die Kinder in vielen Bereichen Fortschritte in der Entwicklung gemacht hatten, daß aber bei der Bewegungsfähigkeit und Bewegungsfreudigkeit sowie bei der Verarbeitung vestibulärer und taktil-kinästhetischer Informationen meist keine Veränderung eingetreten war. So konnten wir mit unserer neuen Art der Behandlung in eine Lücke stoßen.

Es zeigte sich bei unserer Untersuchung immer wieder, daß autistische Kinder nicht nur in den Bereichen des Sehens, Hörens, Tastens, Riechens, Schmeckens usw. eine Wahrnehmungsverarbeitungsstörung aufweisen, sondern ebenso in den Bereichen, die die Stabilität des gesamten Organismus gewährleisten.

Wir müssen daher davon ausgehen, daß eine umfassende, ganzheitlich orientierte Autismustherapie, deren Ziel es ist, dem Kind ein adäquates Teilnehmen-Können am Leben in Familie und Gesellschaft zu ermöglichen, die Behandlung von sensorischen Integrationsstörungen in Zukunft mit einbeziehen muß.

Wir können an dieser Stelle keine Handlungsanweisungen bzw. Konzepte für die konkrete, praktische Tätigkeit mit anderen autistischen Kindern geben. Dieses würde den Rahmen unserer Arbeit sprengen. Wir gehen aber davon aus, daß in unseren Falldarstellungen Anregungen und Vorschläge für die Praxis deutlich werden und somit von uns ein Anfang für die Behandlung sensorischer Integrationsstörungen bei autistischen Kindern gemacht worden ist.

Unsere Untersuchung hat gezeigt, daß bei der Anwendung dieser speziellen Methode noch zahlreiche Probleme und Schwierigkeiten zu bewältigen sind; sie hat aber genauso gezeigt, daß die eingeschlagene Richtung richtig ist und von uns und anderen Praktikern weiter verfolgt werden sollte.

Anmerkungen

1 vgl. Emrich (1984 a), S. 36, die Ähnliches berichtet.
2 zitiert nach Bosch (1962), S. 45
3 ebd.
4 in seiner Arbeit »Autistic Disturbances of Affective Contact«, zitiert nach Feuser (1979), S. 61
5 Asperger (1965)
6 s. Wing (1973), S. 16
7 z.B. Victor, der »wilde Junge von Aveyron«, der »Wolfsjunge von Agra« oder Kaspar Hauser
8 s. Bettelheim (1977), S. 448-503 und Wing (1973), S. 16
9 siehe Sammeck (1973), S. 7
10 Fischer (1965), siehe Sammeck (1973)
11 vgl. Sammeck (1973)
12 siehe u.a. Bettelheim (1970, 1977); Cordes (1980); Cordes/Wilker (1977); Delacato (1975); Eichhorn (1982); Feuser (1979, 1980); Hundley (1974); Loeben-Sprengel (1981); O'Gorman (1976); Sievers (1982); Tinbergen/Tinbergen (1972, 1984); Wilker (1976); Wing (1976)
13 gemeint ist der »Bundesverband Hilfe für das autistische Kind e.V.«, Bebelallee 141, 2000 Hamburg 60
14 siehe auch Wilker (1976), S. 17 sowie Kehrer in: Cordes et al. (1982), S. 11 ff. sowie Cordes/Wilker (1976), S. 95 ff.
15 siehe die Merkmalslisten im Anhang
16 sog. DSM III
17 siehe dazu 1.5
18 zit. nach Loeben-Sprengel et al. (1981)
19 zit. nach Feuser (1980)
20 zit. nach Loeben-Sprengel et al. (1981)
21 ebd.
22 ebd.
23 ebd.

24 Ausführliche Darstellungen der verschiedenen Erklärungsansätze zu den Ursachen des Autismus finden sich bei Feuser (1979) und bei Rödler (1983).
25 Festhaltetherapie wird auch von Tinbergen/Tinbergen (1984), Prekop (1982, 1985) und Rohmann (1984) durchgeführt. Die Erfolge dieser Therapiemethode sind allerdings zur Zeit recht umstritten.
26 Veröffentlichungen dazu: Cordes/Wilker (1974, 1976, 1977), Cordes (1980, 1983)
27 Beschäftigungstherapeuten
28 mündl. Quellen
29 Lenkitsch-Gnädinger (1985), Tomatis (1972), Manassi (o.J.)
30 Speck (1985)
31 siehe z.B. Wilker (1976), S. 27 f.
32 Ayres (1979), S. 3
33 ebd., S. 19
34 ebd., S. 1 f.
35 im Rückenmark, im Cerebellum, im limbischen System, in den Basalganglien, im Hirnstamm und im Kortex
36 Ayres (1979), S. 30
37 zu diesem Prozeß siehe Ayres (1979), S. 31
38 siehe Schmidt (1977), S. 276
39 Ayres (1979), S. 39
40 siehe Ayres (1984), S. 118 und Ayres (1979), S. 44 f.
41 Ayres (1979), S. 19
42 siehe hierzu Ayres (1979), S. 25
43 Zum Zeitpunkt unserer Untersuchung lag nur eine kurze Beschreibung vor. Siehe Emrich (1984a, 1984b). Eine ausführliche Beschreibung bieten Brand et al. (1985).
44 im folgenden SCSIT genannt
45 vgl. 4.3 und Kap. 5
46 Eine kurze Beschreibung der SCSIT findet sich im Anhang.
47 siehe Ayres (1979), S. 179
48 siehe auch Albrecht (1980), S. 15
49 Ayres (1984), S. 174
50 siehe Ayres (1984), S. 173 ff.
51 Miske-Flemming (1978), S. 18 (Im Originaltext »dieser« statt »der«)
52 siehe dazu Cordes (1983), S. 13 ff.
53 in: Bundesverband (1976), S. 22; desgl. siehe auch Cordes/Wilker (1974), S. 15
54 Cordes (1983), S. 9
55 Feuser (1979), S. 193

56 ebd., S. 309
57 Augustin (1983), S. 3
58 Ayres (1972), S. 174
59 Augustin (1985), S. 93
60 Ornitz (1974), S. 197
61 Zieger (1984), S. 120
62 Baum (1978), S. 71
63 nach Baum (1978), S. 72
64 Rothenberger, Aribert: persönl. Mitteilung bei einem Vortrag anläß-lich der sog.»Ambulanz'ler-Fortbildung« am 30.5./1.6.1985 in Bottrop
65 Hermelin (1978), S. 52
66 Delacato (1975), S. 141
67 Feuser (1980), S. 31
68 Kephart (1977), S. 20
69 ebd., S. 21
70 ebd., S. 22
71 ebd., S. 26
72 Ayres (1972), S. 175
73 Flehmig (1985), S. 71
74 Giroud (1978), S. 22
75 vgl. Hilgard/Bower (1971) und Holland/Skinner (1971)
76 vgl. dazu auch Wing (1976)
77 hier: sog.»spiegeln«
78 vgl. dazu Steinitz (1984)
79 siehe dazu Kiphard (1973 und 1975/76)
80 z.B. nach Rogers oder Tausch
81 a) Broschüre Bremer Projekt von 1978
    b) Informationsheft »Autistische Kinder in Bremen« des Regionalver-eins »Hilfe für das autistische Kind Bremen e.V.« (1982)
    c) Cordes, Hermann (Hrsg.): Förderung autistischer Kinder. Konzept des Bremer Projekts. Mit Beiträgen von Christiane Arens, Hermann Cordes, Waltraut und Winfried Doering, Stefan Dzikowski, Volker Helbig. Bremen 1987
    d) Weitere Informationen erhält man auf Anforderung direkt beim Bremer Projekt – Ambulanz für autistische Kinder, Feuerkuhle 61, 2800 Bremen, Tel.: 0421/441588.
82 siehe Anhang
83 siehe Emrich (1984 a), S. 65 und Brand et al. (1985), S. 95 sowie S. 105 f.
84 siehe Emrich (1984 a)
85 Es gab lediglich eine kurze Beschreibung, siehe Anhang Nr. 1

86 siehe Emrich (1984 a), S. 64
87 gemessen mit: Psychosoziales Entwicklungsgitter nach Kiphard (1975/76)
88 siehe Anhang Nr. 9
89 siehe Anhang Nr. 3
90 siehe Anhang Nr. 4
91 siehe dazu Schopler (1981)
92 siehe dazu Kiphard (1975/76)
93 siehe dazu Anhang Nr. 5
94 siehe Anhang Nr. 5
95 siehe Anhang Nr. 6
96 siehe Anhang Nr. 6
97 siehe Anhang Nr. 5
98 siehe dazu 6.2
99 siehe dazu 5.2.5 und 5.2.6
100 P.E.P. und Kiphard-Entwicklungsgitter
101 vgl. 5.2.4 Punkt 7
102 Möglicherweise durch eine Fehlregulation der Formatio reticularis
103 in Kombination mit der Verarbeitungsschwäche im Bereich vestibulärer Stimulation und der Unverständlichkeit der an ihn gestellten Anforderungen
104 Kiphard (1975/76)
105 Aus dem Bericht der Jugendpsychiatrischen Klinik vom 13.2.1978
106 Der Name des Kindes wurde im Auszug des Berichtes durchgängig geändert.
107 Bericht der jugendpsychiatrischen Klinik.
108 Hierzu siehe 5.5.5
109 Schopler (1981)
110 Wir verzichten an dieser Stelle auf eine Definition des Begriffs »Diagnose«. In der Fachwelt scheint eine gewisse Uneinigkeit zu herrschen, was Diagnose ist und wie sie angewendet wird. So enthielt eine auf der 5. Fortbildungstagung der »Arbeitsgemeinschaft Ambulanzen« am 25./26.5.1984 vorgelegte, von Jörg Schlee 1981 verfaßte Übersicht allein 76 »aufgespießte« Begriffe zur Diagnose.
111 vgl. Cordes (1983); Eggert (1972); Eichhorn (1982); Feuser (1979), S. 156 ff.; Feuser (1980), S. 68 F.; Wilker (1976), S. 7, S. 15 ff. und S. 22 ff.
112 vgl. Brand et al. (1985), S. 74 ff.
113 vgl. 2.3 und 4.3
114 vgl. dazu Emrich (1984 a, 1984 b)
115 »Unter ›klinischer Beobachtung‹ verstehen wir eine gestellte Situa-

tion mit einem einzelnen Kind zu einem festgelegten Zeitpunkt.« (aus: Brand et al. (1985), S. 116)

116 siehe Anhang

117 bei der Ausbildung anderer Berufsgruppen gehört das Beobachtungstraining motorischer Abläufe als fester Bestandteil zum Lehrplan, z.B. bei Motopäden/innen.

118 Wir mußten die motorischen Übungen in einem anderen Raum durchführen als dem, in dem die Kinder sonst arbeiteten.

119 Sowohl bei den Verfassern als auch den Kollegen der Ambulanz

120 Institut für Kindesentwicklung, Sierigstr. 3, 2000 Hamburg 60

121 siehe Flehmig (1985), S. 69-74

122 Schon das Klingeln des Telefons oder das veränderte Parfüm der Therapeutin können das Kind verwirren.

123 Mit Kontinuität ist an dieser Stelle die Verläßlichkeit, Klarheit, Eindeutigkeit, Gleichförmigkeit des Therapeuten und damit Vorhersehbarkeit für das Kind gemeint.

124 »Komm, wir spielen jetzt Flugzeug!«; »Komm, wir gehen im Dschungel über eine wackelige Hängebrücke!« usw.

125 Die Anzahl der von uns untersuchten Kinder war gering. Uns fehlte eine geeignete Kontrollgruppe.

126 z.B. als Beharren auf Gleichförmigkeit der Umgebung, als stereotypes Bewegen von Körperteilen, als Desinteresse / sich Abkapseln der Umwelt gegenüber usw.

127 vgl. 5.5

Literaturverzeichnis

Akert, Konrad: Probleme der Hirnreifung. In: Lempp, Reinhart (Hrsg.): Teilleistungsstörungen im Kindesalter. Bern 1979

Albrecht, Patricia: Diagnose und Therapie von Wahrnehmungsstörungen nach Jean Ayres. Dortmund 1980[2]

Angyal, A. und Blackman, N.: Vestibular reactivity in schizophrenia. Archs Neurol. Psychiat. 44: 611, 1940

Asperger, Hans: Heilpädagogik. Einführung in die Psychopathologie des Kindes für Ärzte, Lehrer, Psychologen, Richter und Fürsorgerinnen. Wien 1965[4]

August, Gerald J. u.a.: Brief Report: Effects of Fenfluramine on Behavioral, Cognitive, and Affective Disturbances in Autistic Children. In: Journal of Autism and Developmental Disorders, Vol. 15, No. 1, 1985, pp. 97-107

Augustin, Anneliese: Ergotherapeutische Frühbehandlung beim autistischen Kind. In: Beschäftigungstherapie und Rehabilitation, Heft 2, 1985, S. 91-98

Augustin, Anneliese: Beschäftigungstherapie bei Wahrnehmungsstörungen. Dortmund 1983[3]

Axline, Virginia M.: Dibs. Die wunderbare Entfaltung eines menschlichen Wesens. München 1980[2]

Ayres, A. Jean: Lernstörungen. Sensorisch-integrative Dysfunktionen. Berlin/Heidelberg 1979

Ayres, A. Jean: Bausteine der kindlichen Entwicklung. Berlin 1984

Ayres, A. Jean und Heskett, William M.: Sensory integrative Dysfunction in a Young Schizophrenic Girl. In: Journal of Autism and Childhood Schizophrenia, Vol. 2, No. 2, 1972, S. 174-181

Baum, Jan: Das Verhalten autistischer Kinder in der Dunkelheit. In: Kehrer, Hans E. (Hrsg.): Kindlicher Autismus. (Bibliotheca psychiatrica, No. 157) Basel 1978, pp. 66-74

Belschner, Wilfried: Der Beitrag der Verhaltenstherapie zur Sonderpädagogik. In: Z. Heilpäd., 30. Jg., Heft 11, S. 729-746

Bernard-Opitz, Vera: Neue Ansätze in der Verhaltensmodifikation autistischer Kinder. In: Beschäftigungstherapie und Rehabilitation, 24. Jg., Heft 2, 1985, S. 99-102

Bernard-Opitz, Vera und Hermann, Ulrich: Counter-control Problems of Autistic Children: analysis and cognitive intervention. American Psychiatric Association (APA), Los Angeles 1985

Bettelheim, Bruno: Liebe allein genügt nicht. Die Erziehung emotional gestörter Kinder. Stuttgart 1970

Bettelheim, Bruno: Die Geburt des Selbst. The Empty Fortress. Erfolgreiche Therapie autistischer Kinder. München 1977

Blackstock, Edward G.: Cerebral Asymmetry and the Development of Early Infantile Autism. In: Journal of Autism and Childhood Schizophrenia, Vol. 8, No. 3, 1978, S. 339-353

Bosch, G.: Der frühkindliche Autismus. Berlin 1962

Bower, Tom: Die Wahrnehmungswelt des Kindes. Stuttgart 1978

Brand, Ingelid, Breitenbach, Erwin und Maisel, Vera: Integrationsstörungen. Diagnose und Therapie im Erstunterricht. Würzburg 1985

Bremer Projekt: Frühkindlicher Autismus. Materialien zur Lehrerfortbildung. Unveröffentlichtes Arbeitspapier. Bremen 1980

Bundesverband »Hilfe für das autistische Kind« (Hrsg.): Therapie des Frühkindlichen Autismus. Bremen/Hamburg 1976

Bundesverband »Hilfe für das autistische Kind« (Hrsg.): Therapeutische Ansätze in Theorie und Praxis. Tagungsberichte Düsseldorf 1984. Hamburg 1985

Bundschuh, Konrad: Dimensionen der Förderdiagnostik bei Kindern mit Lern-, Verhaltens- und Entwicklungsproblemen. München/Basel 1985

Burchard, Falk: Festhaltetherapie bei Kindern mit autistischen Verhaltensweisen. In: Geistige Behinderung 2, 1985, S. 103-113

Capon, Jack: Perceptual-Motor Lesson Plans. Level-1. Alameda, California 1975

Capon, Jack: Perceptual Motor Development. Belmont, California 1975

Capon, Jack: Perceptual-Motor Lesson Plans. Level-2. Alameda, California 1977

Cordes, Hermann und Wilker, Friedhelm: Bremer Projekt. Kompensatorisches Programm für autistische Kinder. Wissenschaftlicher Bericht über das 2. Projektjahr 1973/74. Bremen 1974

Cordes, Hermann und Wilker, Friedhelm: Kompensatorische Erziehung bei autistischen Kindern. Bremen/Hamburg 1976

Cordes, Hermann und Wilker, Friedhelm: Schulische Förderung autistischer Kinder. Bremen/Hamburg 1977

Cordes, Hermann und Wilker, Friedhelm: Aufbau komplexer Sprachstrukturen bei autistischen Kindern. In: Kehrer, Hans E. (Hrsg.): Kindlicher Autismus. (Bibliotheca psychiatrica, No. 157) Basel 1978, pp. 85-90

Cordes, Hermann: Autistische Kinder in der Schule. Unterricht und Therapie für autistische Kinder. Bremen 1980

Cordes, Hermann u.a.: Kommunikation zwischen Partnern. Teil II: Praxis der Behindertenarbeit. Heft 30: Frühkindlicher Autismus. Schriftenreihe Bd. 10 der Bundesarbeitsgemeinschaft »Hilfe für Behinderte« e.V. 1982[2]

Cordes, Hermann (Hrsg.): Curriculum des Bremer Projekts. Bremen 1983

Cordes, Hermann: Die Bedeutung lerntheoretischer Prinzipien für die Förderung autistischer Kinder. In: Beschäftigungstherapie und Rehabilitation, 24. Jg., Heft 2, 1985, S. 103-109

Curcio, Frank: Sensorimotor Functioning and Communication in Mute Autistic Children. In: Journal of Autism and Childhood Schizophrenia, Vol. 8, No. 3, 1978, S. 281-292

Deegener, Günther: Neuropsychologie und Hemisphärendominanz. Beziehungen zwischen Händigkeit, Sprache und funktioneller Hemisphärenasymmetrie. Stuttgart 1978

Delacato, Carl H.: Der unheimliche Fremdling. Das autistische Kind. Ein neuer Weg zur Behandlung. Freiburg/Br. 1975

Eggers, Christian: Zur nosologischen Abgrenzung zwischen frühkindlichem Autismus und kindlicher Schizophrenie. In Kehrer, Hans E. (Hrsg.): Kindlicher Autismus. (Bibliotheca psychiatrica, No. 157) Basel 1978, pp. 1-21

Eggert, Dietrich (Hrsg.): Zur Diagnose der Minderbegabung. Weinheim 1972

Eichhorn, Johannes u.a.: Zu Problemen der Diagnostik, Erziehung und Bildung bei Kindern mit autistischem Syndrom. Berlin (Ost) 1982

Emrich, Ruth: Vergleich des neuropsychologischen Diagnostikprogramms nach Ayres mit dem »Körperkoordinationstest für Kinder«, dem »Göttinger Formreproduktionstest« und Daten aus der »Münchener Pädiatrischen Längsschnittstudie«. Unveröffentlichte Diplomarbeit. Freiburg/Br. 1984 a

Emrich, Ruth: Die »Southern California Sensory Integration Tests« von A. J. Ayres. In: Der Kinderarzt, 5 Jg., Nr. 8, 1984 b, S. 1059-1063

Fellheimer, Claus: Teilleistungsstörungen als Verursacher von Lernbehinderung. In: Z. Heilpäd., 36. Jg., Nr. 4, 1985, S. 277-284

Feuser, Georg: Grundlagen zur Pädagogik autistischer Kinder. Weinheim/ Basel 1979

Feuser, Georg: Autistische Kinder. Gesamtsituation, Persönlichkeitsentwicklung, schulische Förderung. Solms-Oberbiel 1980

Fink, Barbara: Sensory-Motor Integration. An Activities Curricula. Vicksburg, Michigan 1977

Flehmig, Inge: Normale Entwicklung des Säuglings und ihre Abweichungen. Früherkennung und Frühbehandlung. Stuttgart 1983[2]

Flehmig, Inge: Sensorische Integration bei autistischen Verhaltensweisen. In: Beschäftigungstherapie und Rehabilitation, 24. Jg., Heft 2, 1985, S. 69-74

Freeman, B. J. u.a.: The Effects of Response Contingent Vestibular Stimulation on the Behavior of Autistic and Retarded Children. In: Journal of Autism and Childhood Schizophrenia, Vol. 6, No. 4, 1976, S. 353-358

Frenzel, Cornelia: Die Ambulanz in Bottrop. In: autismus. Zeitschrift des Bundesverbandes »Hilfe für das autistische Kind e.V.«, Nr. 19, 1985, S. 2-6

Frith, Uta: Neuere psychologische Studien über Autismus in England. In: »Hilfe für das autistische Kind e.V.« (Hrsg.): Tagungsberichte 1972. Lüdenscheidt 1973

Frostig, Marianne und Maslow, Phyllis: BWL / Bewegen – Wachsen – Lernen. Bewegungserziehung. Dortmund 1974

Gagelmann, Hartmut: Kai lacht wieder. Freiburg/Br. 1983

Gibson, James J.: Die Sinne und der Prozeß der Wahrnehmung. Bern 1973

Giroud, Carol A.: A Gross Motor Training Program for autistic and other similary disabled Children. Dissertation. New Jersey 1978

Gniech, Gisla: Störeffekte in psychologischen Experimenten. Stuttgart 1976

O'Gorman, Gerald: Autismus in früher Kindheit. (Beiträge zur Kinderpsychotherapie, Bd. 19) München 1976

Gottwald, Peter und Redlin, Wiltraut: Verhaltenstherapie bei geistig behinderten Kindern. Göttingen 1975[3]

Guttmann, Giselher: Einführung in die Neuropsychologie. Bern 1972

Häusler, Ingrid: Kein Kind zum Vorzeigen? Bericht über eine Behinderung. Reinbek bei Hamburg 1979

Hedbring, Charles und Newsom, Crighton: Visual Overselectivity: A Comparison of two Instructional Remediation Procedures with Autistic Children. In: Journal of Autism and Developmental Disorders, Vol. 15, No.1, 1985, pp. 9-22

Hermelin, Beate: Wahrnehmung und Denken bei autistischen Kindern. In: Kehrer, Hans E. (Hrsg.): Kindlicher Autismus. (Bibliotheca psychiatrica, No. 157) Basel 1978, pp. 45-54

Heuer, Birgit: Neuropsychologische Prüfung und Bewertung von motorischen Leistungen im Kindesalter und deren Integration in höhere psychische Funktionen. In: Lempp, Reinhart (Hrsg.): Teilleistungsstörungen im Kindesalter. Bern 1979

Hilgard, Ernest R. und Bower, Gordon H.: Theorien des Lernens 1. Stuttgart 1971[2]

Holland, James G. und Skinner, B. F.: Analyse des Verhaltens. München
1971

Hörmann, Georg: Frühkindliche Hirnschädigung und Verhaltensstörungen.
In: Z. Heilpäd., 35. Jg., Heft 5, 1984, S. 340-348

Hundley, Joan Martin: Der kleine Außenseiter. Die Geschichte eines autistischen Kindes. Ravensburg 1974

Hünnekens, Helmut und Kiphard, Ernst J.: Bewegung heilt. Psychomotorische Übungsbehandlung bei entwicklungsrückständigen Kindern. Güters-
loh 1975[5]

Hutt, Corinne: Beiträge der Ethologie zur Erforschung des kindlichen Autismus. In: Kehrer, Hans E. (Hrsg.): Kindlicher Autismus. (Bibliotheca
psychiatrica, No. 157) Basel 1978, pp. 34-44

Jacobs, Kurt: Frühkindlicher Autismus in sonderpädagogischer Sicht. In:
Pädagogisches Institut der Landeshauptstadt Düsseldorf (Hrsg.): Frühkindlicher Autismus. Schriftenreihe, Heft 35, 1977

Janetzke, Hartmut: Lerntheoretische Prinzipien als Förderungsgrundlage autistischer Kinder. In: Pädagogisches Institut der Landeshauptstadt Düsseldorf (Hrsg.): Frühkindlicher Autismus. Schriftenreihe, Heft 35, 1977

Kehrer, Hans E.: Die medikamentöse Behandlung des kindlichen Autismus. In: ders. (Hrsg.): Kindlicher Autismus. (Bibliotheca psychiatrica,
No. 157) Basel 1978, pp. 91–97

Kehrer, Hans E. (Hrsg.): Kindlicher Autismus. (Bibliotheca psychiatrica,
No. 157) Basel 1978

Kehrer, Hans E.: Merkmal- und Symptomkatalog zur Erkennung des frühkindlichen Autismus. In: Cordes, Hermann u.a.: Kommunikation zwischen Partnern. Teil II: Praxis der Behindertenarbeit. Heft 30: Frühkindlicher Autismus. Schriftenreihe Bd. 10 der Bundesarbeitsgemeinschaft
»Hilfe für Behinderte« e.V. 1982[2]

Kephart, Newell C.: Das lernbehinderte Kind im Unterricht. München/Ba-
sel 1977

Kiphard, Ernst J.: Möglichkeiten und Grenzen eines sensomotorischen In-
telligenzvortrainings bei autistischen Kindern. In: »Hilfe für das autistische Kind e.V.« (Hrsg.): Tagungsberichte 1972. Lüdenscheidt 1973

Kiphard, Ernst J.: Wie weit ist ein Kind entwickelt? Eine Anleitung zur
Entwicklungsüberprüfung. Dortmund 1975/76

Klinke, Rainer: Physiologie des Gleichgewichtssinnes. In: Schmidt, Robert
F. (Hrsg.): Grundriß der Sinnesphysiologie. Berlin 1976[2]

Lane, Robert: Robby. Ein Zeugnis für die schier unglaubliche Kraft des Menschen, Leid durch Verständnis und Liebe zu überwinden. Bern/München 1984

Lempp, Reinhart (Hrsg.): Teilleistungsstörungen im Kindesalter. Bern 1979

Lenkitsch-Gnädinger, Dorothea: Die Tomatis-Therapie. In: autismus, Nr. 19, 1985, S. 11-13

Lierse, Werner: Neuroanatomische Grundlagen. In: Beschäftigungstherapie und Rehabilitation, Heft 2, 1985, S. 63-68

Loeben-Sprengel, Stephanie u.a.: Autistische Kinder und ihre Eltern: Veränderung der familiären Interaktion. Weinheim 1981

Manassi, Sabina: Beziehung Ohr – Koerper – Sprache. Paedagogik des Hoerens. Eine Einfuehrung in die Tomatis-Methode. Zürich o. J.

Martinius, Joest: Megavitamin-Therapie: Weitere wissenschaftliche Untersuchungen sind notwendig. In: autismus, Nr. 19, 1985, S. 7-9

Miske-Flemming, Dorothee: Theorie und Methode zur Behandlung von perzeptionsgestörten Kindern. Berlin 1978[3]

Müller, Rolf u.a.: Verhaltensmodifikation in der Praxis. Ein Kursprogramm zur Aus- und Weiterbildung für pädagogische Fachkräfte. München 1980

Müller-Wiedemann, H.: Heilpädagogische Aspekte zur therapeutischen und sonderschulischen Förderung autistischer Kinder. In: Pädagogisches Institut der Landeshauptstadt Düsseldorf (Hrsg.): Frühkindlicher Autismus. Heft 35, 1977, S. 45-58

Neffe, Franz-Josef: Behandlung eines hyperaktiven Schülers durch Autosuggestion. In: Z. Heilpäd., 34. Jg., Heft 7, 1983, S. 473-476

Neffe, Franz-Josef: Begegnung mit autistisch genannten Kindern. In: Z. Heilpäd., 35. Jg., Heft 3, 1984, S. 200-202

Nissen, Gerhardt: Wechselwirkungen bio- und informationsgenetischer Faktoren in den Familien autistischer Kinder. In: Kehrer, Hans E. (Hrsg.): Kindlicher Autismus. (Bibliotheca psychiatrica, No. 157) Basel 1978, pp. 22-23

Oerter, Rolf: Moderne Entwicklungspsychologie. Donauwörth 1971[10]

Ornitz, Edward M.: The Modulation of Sensory Input und Motor Output in Austistic Children. In: Journal of Autism and Childhood Schizophrenia, Vol. 4, No. 3, 1974, S. 197-215

Pfeffer, Wilhelm: Die Förderung geistig Behinderter auf der Grundlage der Entwicklung der sensomotorischen Intelligenz. In: Z. Heilpäd., 34. Jg., Heft 6, 1983, S. 357-363

Prekop, Jirina: »Festhalten«. Erste praktische Erfahrungen nach Tinbergen und Welch. In: autismus, Nr. 13, 1982 a, S. 12-15

Prekop, Jirina: Frühkindlicher Autismus. In: Öff. Gesundh.-Wes. 44, 1982 b, S. 83-91

Prekop, Jirina: Festhalte-Therapie bei Autisten. In: Beschäftigungstherapie und Rehabilitation, 24. Jg., Heft 2, 1985, S. 110-112

Reker, Ulrich: Untersuchungsmethoden der Gleichgewichtsorgane. Stuttgart 1984

Rimland, Bernhard: Die Megavitamin-Therapie bei Autismus und verwandten Krankheiten. In: autismus, Nr. 18, 1984, S. 16-17

Rödler, Peter: Diagnose: Autismus. Ein Problem der Sonderpädagogik. Frankfurt/M. 1983

Rohmann, Ullrich u.a.: Erste Ergebnisse einer modifizierten Festhaltetherapie. In: autismus, Nr. 17, 1984, S. 10-13

Roth, Gerhard: Die funktionale Organisation des Gehirns und das Problem der Asymmetrie. Paderborn 1977

Sammeck, Monika: Der frühkindliche Autismus. Eine kritische Übersicht über die internationale Literatur 1943 bis einschließlich 1971 ... (Doktorarbeit) Göttingen 1973

Schilling, Friedhelm: Checklist motorischer Verhaltensweisen. Braunschweig 1976

Schilling, Friedhelm: Die pädagogische Förderung Behinderter im Aufgabenfeld Bewegung am Beispiel Psychomotorischer Erziehung. (Motopädagogik). In: Z. Heilpäd., 30 Jg., Heft 11, 1979, S. 747-755

Schmauch, Ulrike: Ist Autismus heilbar? Zur Psychoanalyse des frühkindlichen Autismus. Frankfurt/M. 1978[2]

Schmidt, Robert F.: Somato-viscerale Sensibilität. In: Schmidt, Robert F. (Hrsg.): Grundriß der Sinnesphysiologie. Berlin 1976[2]

Schmidt, Robert F.: Motorische Systeme. In: ders. (Hrsg.): Grundriß der Neurophysiologie. Berlin 1977[4]

Schneble, Hansjörg: EEG-Befunde bei Patienten mit autistischem Syndrom. In: Kinder-Jugendpsychiat., Nr. 12, 1984, S. 358-378

Schneider, Reinhard: Hirnfunktionsstörungen im Kindesalter. Stuttgart 1978

Schopler, Eric und Reichler, Robert J.: P.E.P. Entwicklungs- und Verhaltensprofil (Psychoeducational Profile). Dortmund 1981

Schopler, Eric u.a.: Strategien der Entwicklungsförderung. Dortmund 1983

Schraag, Manfred: Vorschlag zur Ausstattung von Turn- und Sporthallen für Schulen für Lernbehinderte. In: Z. Heilpäd., 32. Jg., Heft 8, 1981, S. 563-566

Schreibman, Laura: Eltern als Therapeuten für autistische Kinder. Paper presented at the 15th Annual Meeting of the European Association for Behavior Therapy. Munich, West-Germany, August 31st, 1985

Selg, Herbert: Einführung in die experimentelle Psychologie. Stuttgart 1975[4]

Sievers, Mechthild: Frühkindlicher Autismus. Köln 1982

Speck, Otto: Sonderpädagogik in Japan. In: Z. Heilpäd., 36. Jg., Heft 3, 1985, S. 200-201

Stadler, Michael u.a.: Psychologie der Wahrnehmung. München 1975

Steinitz, Toni: Kognitive Bewegungstherapie im strukturierten Raum. In: Der Kinderarzt, 15. Jg., Nr. 6, 1984, S. 833-838

Sygusch, Hans-Joachim: Medikamente allein genügen nicht. Zur Behandlung der Hyperaktivität bei lernbehinderten Schülern. In: Z. Heilpäd., 30. Jg., Heft 9, 1979, S. 619-622

Tinbergen, E. A. und Tinbergen, N.: Early childhood Autism. An ethological Approach. (Fortschritte der Verhaltensforschung, Heft 10) Berlin 1972

Tinbergen, Niko und Tinbergen, Elisabeth A.: Autismus bei Kindern. Fortschritte im Verständnis und neue Heilbehandlung lassen hoffen. Berlin/Hamburg 1984

Tomatis, A. A.: Neue Theorien zur Physiologie des Ohres. Vortrag am 2. Internationalen Kongreß fuer audio-psycho-Phonologie, Paris 1972

Vester, Frederic: Denken, Lernen und Vergessen. Stuttgart 1978

Wendeler, Jürgen: Frühkindliche Entwicklung und geistige Behinderung. Sensomotorische und kommunikative Fähigkeiten. In: Geistige Behinderung III, 1980, S. 154-168

Wiener, Gerhard: Das »Autismus-Therapieinstitut« in Langen. In: autismus, Nr. 20, 1985, S. 2-8

Wilhelm, Hannelore: Eltern als Therapeuten ihrer Kinder. In: »Hilfe für das autistische Kind e.V.« (Hrsg.): Tagungsberichte 1972. Lüdenscheidt 1973

Wilker, Friedhelm W.: Trainingsprogramm: Frühkindlicher Autismus. Bremen/Hamburg 1976

Wing, Lorna: Das autistische Kind. Wie Erziehungsschwierigkeiten und Verhaltensstörungen überwunden werden können. Ravensburg 1973 und 1976[2]

Wormser, Rudi: Experimentelle Psychologie. München 1974

Zieger, Andreas: Neurophysiologische und neuropsychologische Grundlagen des menschlichen Gehirns. Oldenburg 1984

Anhang

1. Die »Southern California Sensory Integration Tests« (SCSIT) nach Emrich (1984)
2. Merkmalslisten zur Diagnose Autismus nach Cordes (1983)
3. Therapieprogramm zur sensorischen Integration April-Juli 1985, Susanna
4. Programm zur sensorischen Integrationsbehandlung ab November 1985, Susanna
5. Sonderprogramm Sensorische Integration I, April-Juli 1985, Sebastian
6. Sonderprogramm zur Sensorischen Integration II, September-Dezember 1985, Sebastian
7. Anschriften der Regionalverbände »Hilfe für das autistische Kind e.V.«
8. Therapeutische Einrichtungen für autistische Kinder
9. »Beobachtungsbögen zur Sensorischen Integration« 1-6
10. Darstellung einiger Therapiematerialien, teilweise mit Bauanleitung

1.

Aus: Emrich, Ruth: Vergleich des neuropsychologischen Diagnostikprogramms nach Ayres mit dem »Körperkoordinationstest für Kinder«, dem »Göttinger Formreproduktionstest« und Daten aus der »Münchener Pädiatrischen Längsschnittstudie«. Unveröffentlichte Diplomarbeit. Freiburg/Br. 1984, S. 54-63

5.3.1.1. Tests zur visuellen Wahrnehmung

Space Visualisation (SV): räumliche Wahrnehmung

In ein Formbrett – abwechselnd ei- und rautenförmig – mit einem Stift an immer anderer Stelle soll ein passender Block eingesetzt werden. Bei den insgesamt 30 Items stehen jeweils zwei Blöcke zur Wahl. Gestoppt wird die Zeit, die das Kind braucht, bis es einen der beiden Blöcke berührt. Schwierigkeiten beim Einpassen in das Formbrett spielen für die Bewertung keine Rolle. Die Items schnell und richtig darzubieten, gleichzeitig die Reaktionen des Kindes beobachten, die Stopuhr zu bedienen und alles Erforderliche zu notieren, erfordert vom Testleiter ein beträchtliches Maß an Routine.

»Figure-Ground Perception« (FG): Figur-Grund-Wahrnehmung

In typischen Figur-Grund-Aufgaben soll das Kind aus sechs Wahlmöglichkeiten diejenigen drei Elemente bestimmen, die in der dazugehörigen Konturenzeichnung enthalten sind.

In diesem Test wird die visuelle Auflösungsfähigkeit des Kindes untersucht, die Fähigkeit, Formen in komplexen Zeichnungen wiederzuerkennen und Wesentliches von Unwesentlichem optisch zu trennen. Diese Diskriminationsfähigkeit wird besonders gefordert, wenn nach einigen relativ einfachen Items überraschend irritierende Zusatzlinien in den Zeichnungen auftreten.

Der Test »Figure-Ground Perception« besteht aus neun gegenständlichen und neun geometrischen Items. Die Items sollen nach steigender Schwierigkeit geordnet sein; dies scheint jedoch im einen oder anderen Fall nicht ganz gelungen: in der Regel fiel den Kindern beispielsweise das Item 13 leichter als das Item 12. Ferner muß kritisiert werden, daß die Zeichnungen zum Teil nicht sauber gezeichnet wurden.

»Position in Space« (PS): Lage im Raum

Auf einer Buchseite vorgegebene Formen müssen unter mehreren leicht unterschiedlichen Möglichkeiten wiedererkannt werden. Die 30 Items werden zunehmend schwieriger.

Im ersten der insgesamt drei Teile werden dem Kind der Reihe nach verschiedene Möglichkeiten präsentiert, die untereinander angeordnet sind. Das vorgegebene Item, mit dem diese Möglichkeiten verglichen werden sollen, ist auf derselben Buchseite abgedruckt.

Im zweiten Teil ist das vorgegebene Item auf der gegenüberliegenden Buchseite abgedruckt, also etwas weiter entfernt, aber immer noch gleichzeitig mit den Wahlmöglichkeiten sichtbar. Die Zeit, bis das Kind sich entscheidet, wird dieses Mal mitgestoppt und eingerechnet.

Der dritte Teil mißt wie die beiden vorhergehenden visuelle Wahrnehmung feiner Unterschiede bei geometrischen Formen. Zusätzlich spielen jedoch hier Wahrnehmungsgeschwindigkeit und ein Gedächnisfaktor hinein: dieses Mal muß sich das Kind ein Item mit bis zu fünf geometrischen Formen in drei Sekunden einprägen. Dann wird umgeblättert, und das Kind soll aus bis zu fünf Möglichkeiten die richtige aus dem Gedächtnis heraus-finden. Entscheidend bei diesem dritten Aufgabentyp ist, ob die Kinder schnell eine wirkungsvolle Wahrnehmungs- und Merkstrategie entwickeln.

In der Literatur wird positiv vermerkt, daß dieser Test auf abstrakte Objekte und nicht auf Buchstaben und dergleichen zurückgreift (Buros, 1978).

5.3.1.2. Feinmotorische Subtests

»Design Copying« (DC): Abzeichnen

Linien, die in einem Punktenetz vorgegeben sind, sollen vom Kind in ein vergleichbares Punktenetz übertragen werden: in 13 Items steigender Schwierigkeit werden visomotorische Koordinationsfähigkeiten des Kindes überprüft.

Die Auswertung geschieht per Lineal. Sie würde einfacher und eindeutiger, wenn es dafür eine Schablone gäbe.

»Motor Accuracy-Revised (MAC-R): feinmotorische Genauigkeit

Eine schmetterlingsförmige Linie auf DIN-A3-Papier soll nacheinander mit beiden Händen möglichst exakt nachgefahren werden. Die benötigte

Zeit wird eingerechnet, so daß ein Genauigkeitswert (Länge und Grad der Abweichungen) und ein Zeitwert (Genauigkeitswert unter Berücksichtigung des Zeitbedarfs) ermittelt werden können.

5.3.1.3. Taktil-kinästhetische Tests

»Kinesthesia« (KIN): Kinästhesie

Der Testleiter führt den Zeigefinger des Kindes vom Anfangspunkt einer vorgegebenen Linie zu deren Endpunkt und wieder zurück, ohne daß das Kind dabei etwas sieht. Dann soll das Kind allein – immer noch ohne zu sehen – wieder zum Endpunkt der betreffenden Linie finden. Die Abweichungen des Zeigefingers vom Endpunkt werden mit Lineal gemessen und vermerkt.

»Manual Form Perception« (MFP): Manuelle Formwahrnehmung

Ohne zu sehen, soll das Kind die Form eines Plastiksteins – Dreieck, Kreis, Oval, Sechseck etc. – in seiner Hand ertasten und auf einer Vorlage unter zwölf Möglichkeiten wiederkennen. Der Subtest hat zwölf Items, davon je sechs für eine Hand. Gemessen wird die Genauigkeit der taktilen Wahrnehmung in der Hand und die Fähigkeit, diese Wahrnehmung visuell umzusetzen: taktil-visuelle Integration. Die Lösungszeit über alle Items wird addiert und eingerechnet.

»Finger Identification« (FI): Fingeridentifikation

Zur Überprüfung taktiler Fähigkeiten der Finger berührt der Testleiter einen oder zwei Finger einer Hand mit dem runden Ende eines Bleistifts. Das Kind sieht nichts und soll mit der anderen Hand auf die berührten Finger deuten. Beide Hände kommen abwechselnd an die Reihe, jede achtmal.

»Graphestesia« (GRA): Graphästesie

Ohne daß das Kind etwas sieht, malt der Testleiter mit dem stumpfen Ende eines Bleistifts unter leichtem Druck Figuren abwechselnd auf beide Handrücken des Kindes: Kreise, Kreuze, ein »Z« und dergleichen. Das Kind soll die Figuren dann sehend auf dem Handrücken nachzeichnen. Insgesamt umfaßt der Test 12 Items, je sechs für die jeweilige Hand. Für die Auswertung enthält das Testhandbuch relativ genaue Bewertungskriterien.

»Localisation of Tactile Stimuli« (LTS): Lokalisation von Berührungsreizen

Mit einem Kugelschreiber tupft der Testleiter an festgelegten Stellen kleine Punkte auf Hand und Unterarm des Kindes. Das Kind kann nicht sehen, wo es berührt wird und soll auf die jeweilige Stelle mit einem Finger der freien Hand deuten. Die Abweichung vom jeweils vorgegebenen Punkt wird mit Lineal gemessen und notiert.

»Double Tactile Stimuli Perception« (DTS): Wahrnehmung doppelter Berührungsreize.

Das Kind steht vor dem Testleiter, mit dem Rücken zu ihm. Er berührt es mit zwei stumpfen Bleistiftenden an zwei Körperstellen gleichzeitig (z.B. linke Hand, Gesicht rechts). Das Kind soll auf die Stellen zeigen. Fehler werden im Protokollheft vermerkt. In den insgesamt 16 Items werden die Reize teils auf der gleichen, teils auf beiden Körperseiten gleichzeitig gegeben.

5.3.1.4. Tests zum Körperschema

»Imitation of Postures« (IP): Gesten Nachahmen

In zwölf Items ahmt das Kind Gesten des Testleiters exakt spiegelbildlich nach. Bewertungskriterien sind Richtigkeit der Imitation und die dafür benötigte Zeit. Leider bezieht dieser Test wie auch die folgenden zum Körperschema nur selten die Füße mit ein, so daß das Spektrum möglicher Störungen letztlich nicht komplett abgedeckt ist.

»Crossing Midline of Body« (CML): Überkreuzen der Körpermittellinie

Das Kind soll Gesten des Testleiters gegengleich nachahmen, bei denen immer mit einer Hand auf ein Ohr oder Auge gedeutet wird. Die Hälfte der 24 Items erfordert ein Überkreuzen der Körpermittellinie (z.B. mit der rechten Hand ans linke Ohr greifen). Wichtig ist, daß das Kind schnell und auf Anhieb richtig reagiert. Prinzipiell geht es hier darum, ob das Kind in beide Richtungen problemlos die Körpermittellinie kreuzen kann. Ob es dabei genau an die vorgesehene Stelle bei Auge oder Ohr faßt, ist daher nicht von Bedeutung.

An den Testleiter stellt der Test relativ viele Ansprüche gleichzeitig: er soll die Bewegungen vormachen, das Kind beobachten, die Zeit mitzählen und mitnotieren gleichzeitig.

»Bilateral Motor Coordination« (BMC): Rhythmus Nachklopfen

Der Testleiter klopft mit jeweils beiden Händen nacheinander acht verschiedene Rhythmen auf seinen Knien vor. Das Kind soll sie nachschlagen. Bewertungskriterien sind Genauigkeit der Nachahmung, richtige Anfangshand, Geschmeidigkeit in der Bewegung und im Zusammenspiel der beiden Hände. Der Test setzt einen rhythmisch minimal begabten Testleiter voraus.

Right-Left-Discrimination« (RLD): Rechts-Links-Unterscheidung

Das Kind befolgt in zehn Items jeweils verbale Aufforderungen des Versuchsleiters (»Zeig' mir deinen linken Fuß!«).

»Standing Balance: Eyes Open« (SBO): Einbeinstand mit offenen Augen

Mit verschränkten Armen und ohne sich anzulehnen oder abzustützen, soll das Kind möglichst lang auf einem Bein stehen. Für beide Beine getrennt wird die Dauer in Sekunden vermerkt.

»Standing Balance: Eyes Closed« (SBC): Einbeinstand mit geschlossenen Augen

Mit geschlossenen Augen soll das Kind möglichst lang auf einem Bein stehen, wiederum mit verschränkten Armen und ohne Lehne und Stütze. Die Zeit wird für beide Beine getrennt mitgestoppt.

2.

Aus: Cordes, Hermann (Hrsg.): Curriculum des Bremer Projekts. Bremen 1983, S. 185/186

MERKMALSLISTE ZUR ERKENNUNG AUTISTISCHER KINDER

Überarbeitete Liste des Bundesverbands »Hilfe für das autistische Kind«.
Erste Vorlage: Wissenschaftliche Begleitung des Modellversuchs **(Cordes/Wilker/ Kehrer)**
Die unter den Oberbegriffen aufgeführten Einzelmerkmale sind nicht immer zu kumulieren: Im Bereich »Sprache« schließen sie sich zum Teil gegenseitig aus (z.b. ein Kind, das überhaupt nicht spricht, kann keine Echolalie aufweisen). Im Bereich »Wahrnehmung« können aber durchaus mehrere Merkmale zugleich zu beobachten sein. Als ein Hinweis, daß das beobachtete Kind mit größter Wahrscheinlichkeit dem Syndrom »Frühkindlicher Autismus« zuzurechnen ist, kann gewertet werden, wenn mehrere Merkmale/Auffälligkeiten in allen Bereichen gefunden werden.
Einzelne Merkmale dieser Liste sind bei normalen, lern-, geistig-, seh-, hör- und andersartig behinderten Kindern anzutreffen. Erst eine für den **»Frühkindlichen Autismus« auf allen Funktionsniveaus (von untestbar bis zu einem IQ von 130) spezifische Kombination dieser Merkmale,** die nur von Autismus-Kennern festzustellen ist, ergibt verfizierbare Hinweise auf das Vorliegen dieses Krankheitsbildes (»Summationsdiagnose«).

DAS TYPISCHE ERSCHEINUNGSBILD AUTISTISCHER KINDER IST DURCH AUFFÄLLIGKEITEN/STÖRUNGEN IN FOLGENDEN BEREICHEN GEKENNZEICHNET:

A. Wahrnehmung

(1) Ungewöhnliche Reaktion auf Laute/Geräusche (z.B. Nichtreagieren auf sehr laute Töne, Sprache, Faszination durch Rascheln, Rauschtöne etc.), unerklärliche Angstreaktionen, überschießende Reaktionen auf bestimmte Laute.
(2) Bevorzugung – für das jeweilige Kind typischer-spezifischer Geräusche (z.B. Wasserrauschen, Haushaltsmaschinen, Motorengeräusche, Scheppern, Klopftöne).
(3) Ungewöhnliche Reaktion auf optische Reize (z.B. Nichtreagieren auf auffällige Reize: Personen, Autos; Faszination durch Glitzern, Flimmern, gleichmäßige Objektbewegungen, Drehbewegungen von Gegenständen etc.)
(4) Bevorzugung kleiner und kleinster Dinge (Krümel, Steinchen, Sand, Fliesen etc.)
(5) Vermeiden des Blickkontakts (Augenschließen, Vorbeisehen bei Ausrichtung des Gesichts von Personen, Hindurchsehen).
(6) Wahrnehmen von Personen/Dingen durch (scheinbares) Vorbeisehen, kein Fixieren (schweifender Blick).

(7) Tendenz, nur kurze Blicke auf Personen/Dinge zu werfen.

(8) Paradoxe Reaktionen auf Sinnesreize (z.B. Augen bedecken bei Geräuschen, Ohren zuhalten bei Lichtreizen).

(9) Stereotypes Bewegen von Körperteilen (z.B. Händen, Fingern) und Gegenständen (z.B. Lappen, Fäden) im Blickfeld.

(10) Faszination durch bestimmte, manchmal auch komplizierte, optische Strukturen (z.B. Puzzle, Muster, Kataloge, Landkarten, Tabellen).

(11) Tendenz, unwichten, trivialen oder geringfügigen Aspekten von Dingen der Umgebung die Aufmerksamkeit zuzuwenden, ohne die Bedeutung, den Sinnzusammenhang der Situation zu erkennen (d.h. Aufmerksamkeit für einen Ohrring, nicht für die Person, ein Rad, nicht für das ganze Spielzeug, den Knopf, nicht für den ganzen Apparat).

(12) Bevorzugung der Nahsinne: des Geruchssinnes (z.B. Schnüffeln an Personen/Dingen), des Geschmacksinnes (z.B. Ab-, Anlecken von Gegenständen), des Tastsinnes (z.B. Kratzen an Gegenständen, Befühlen von Gegenständen), gegenüber den Fernsinnen (Gesichts-/Gehörsinn).

(13) Unempfindlichkeit gegenüber Kälte-, Hitze-, Schmerz-, unangenehmen Geschmacksreizen.

(14) Ungewöhnliche Reaktion auf Berührungen (z.B. Ablehnen sanfter Berührungen, Umarmungen, Küsse – Bevorzugung von heftigen, manchmal schmerzhaften Reizen und von Kitzeln).

(15) Tendenz, sich selbst Schmerzreize zuzufügen (z.B. Kopf gegen harte Gegenstände schlagen, Augen/Ohren bohren, Wunden aufkratzen).

(16) Ordnung der Umwelt nach starren, kaum durchbrechbaren Regeln (z.B. Zimmerordnung, Bevorzugung bestimmter Kleidung; gleiche Spazierwege, gleicher Tagesablauf).

B. Sprache

(17) Kein Sprechen – stattdessen Ziehen, Reißen des Kommunikationspartners bei Willensäußerung.

(18) Ein-Wort/Mehr-Wort-Äußerungen statt Satz- oder Textäußerungen.

(19) Vorwiegender Gebrauch von Haupt-, Tätigkeitsworten (Schwierigkeiten bei Benutzung von Eigenschafts-, Für-, Verhältnis-, Binde-, Umstandswörtern).

(20) Inkorrekter Satzbau

(21) Wörtliche Wiederholung von Fragen, Äußerungen des Kommunikationspartners (unmittelbare Echolalie).

(22) Ständige Wiederholung von früher Gehörtem (z.B. Fragen, Verbote, andere Sprachäußerungen): verzögerte Echolalie.

(23) Stereotype Lautäußerungen ohne Situations-, Gegenstands-, Personenbezug.

(24) Wenig oder kein spontanes Sprechen.

(25) Nicht der Situation angemessenes Sprechen.

(26) Wenig oder kein kommunikatives Sprechen.

(27) Bizarre Äußerungen, floskelhafte Sprache, Wortspiele, Wortverdrehungen, skurille Neuschöpfungen, Schimpfen (bei höherem Sprachniveau).

(28) Verwechslung von klang-/bedeutungsähnlichen Wörtern (bei höherem Sprachniveau).

(29) Fehlende oder das Sprechen nicht unterstützende Gestik, Mimik (geringe Veränderungen bei emotionalem Ausdruck; manchmal »gegenläufige« oder übertriebene Mimik).

(30) Auffälliges Sprechen (zu hohes, zu leises, zu gleichartiges, zu schnelles, verwaschenes, singendes Sprechen).

(31) Artikulationsschwierigkeiten bei bestimmten Lauten und/oder Lautkombinationen.
(32) Insgesamt größeres Sprachverständnis als aktives Sprechen.
(33) Bedeutungs-/Informationsentnahme über die Situation, in der gesprochen wird, und/oder aus unterstützenden Hinweisen (wie Handbewegungen, Blickrichtung, anderen Hilfen).
(34) Sinnentnahme beim Verständnis von Sprachäußerungen vorwiegend über Haupt-/Tätigkeitsworte (Schwierigkeiten im Verständnis von Eigenschafts-, Für-, Verhältnis-, Binde-, Umstandswörtern).
(35) Schwierigkeiten im Verständnis von komplexen Sätzen, Satzgefügen, Fragesätzen.
(36) Schwierigkeiten, Witz und Ironie zu verstehen.

C. Motorische Kontrolle und autonome Funktionen

(37) Springen, Arme und Beine schlagen, Grimassieren.
(38) Stereotype bzw. perseverierende Handbewegungen, Fingerbewegungen, Kopfbewegungen, Schaukeln, Hüpfen.
(39) Stereotypien bei Erregung, Unruhe.
(40) Schwierigkeiten, komplexe Bewegungsabfolgen zu imitieren (bei niedrigem Niveau: Schwierigkeiten, einfache Bewegungen zu imitieren).
(41) Mängel in der Koordination der Bewegungen (ungewöhnliche Haltung der Füße, Arme oder anderer Körperteile).
(42) Zu schlaffe oder verspannte Muskulatur.
(43) Zehenspitzengang.
(44) Zu hohes Erregungs- (exzessive Motorik) – zu geringes Erregungs- (stark verlangsamte Motorik/Reaktionen) Niveau.
(45) Unregelmäßiges Schlafmuster (zu spätes Einschlafen, zu frühes Erwachen, nächtelanges Wachsein).

D. Sekundäre Verhaltensprobleme

(46) Indifferentes Verhalten bei Anwesenheit von Personen (als wenn sie nicht da wären).
(47) Ablehnung von Körperkontakt.
(48) Immer gleichbleibende Rituale (bei Unterbrechung überraschende Aggressionen, Weinen, Verwirrung).
(49) Zwanghaftes Verhalten (Sammeln von Gegenständen, Betätigen von Hebeln, Knöpfen, Schaltern etc.).
(50) Schwierigkeiten, Regel- und Rollenspiele durchzuführen.
(51) Verständnisschwierigkeiten bei Handlungen, die ein Verständnis von Sprache und Symbolen verlangen.
(52) Mangel, imitative, aktive Tätigkeiten durchzuführen (Verharren in Untätigkeit bzw. stereotypen Manipulationen).
(53) Fehlende Furcht vor wirklicher Gefahr, Angst vor harmlosen Gegenständen und Situationen.
(54) »Unverständliche« Reaktionen in bestimmten Situationen.
(55) Hohe Erregung, Schreien, Schlagen, Zerstören, wenn Wünsche nicht erfüllt werden (z.B. bei Nichtbewältigung einer Aufgabe, Korrekturen, Nichtdurchschauen von komplexen Situationen).
(56) Tendenz im Gesamtverhalten »mechanisch«, maschinenhaft zu erscheinen.
(57) Eßprobleme
(58) Weglaufen

E. Spezielle Fertigkeiten

(kontrastierend zu den Verhaltensdefiziten auf anderen Gebieten).

(59) Fertigkeiten, die nicht mit sprachlichen Fähigkeiten zusammenhängen (z.b. musikalische Fähigkeiten, Rechnen, Auseinandernehmen und Verbinden von mechanischen Teilen, elektrischen Gegenständen, zusammensetzbarem Spielzeug etc.).

(60) Bessere Fähigkeiten im abstrakten (z.b. Zahlenrechnen, Lesen) als im konkreten (z.b. Textaufgaben, Sprechen) Bereich.

(61) Eine ungewöhnliche Gedächtnisform, die eine verlängerte Speicherung von Einzelheiten in der exakten Form, in der sie zuerst aufgenommen wurde, zu erlauben scheint (z.b. Sätze oder Teile von Unterhaltungen, Gedichten, Tabellen, Musikpassagen, den Weg zu einem bestimmten Ort, das Arrangement von Gegenständen, die einzelnen Stufen, die bei einer Routinehandlung befolgt werden müssen, ein kompliziertes visuelles Muster etc.). **Aber:** Die Einzelheiten, die für diese Speicherung ausgesucht werden, scheinen nach Kriterien ausgesucht zu werden, die für die von normalen Menschen benutzten Kriterien ohne Bedeutung sind, und sie werden gespeichert, ohne »interpretiert« oder »weiterverarbeitet« zu werden.

(62) Fähigkeit, sich bestimmte Dinge zu merken (Tageszeiten, Wochentage oder andere Zeitpunkte), obwohl sie diese nie gelernt haben.

3. *Übungen*

Therapieprogramm zur sensorischen Integration
Kind: Susanna / April bis Juli 1985

I. Übungen zur Verbesserung des Gleichgewichts:
1. Auf kleiner Wippe stehen können
2. Auf großem Schaukelbrett stehen können
3. Auf großem Schaukelbrett sitzen können und »Gleichgewicht« halten
4. Auf rotem Spastikerball sitzen können

II. Übungen zur Verbesserung der visuell-motorischen Koordination
1. Über folgenden Parcours laufen können:
   – 1 Matratze – 2 Matratzen übereinander – Knubbeldecke – Matratze mit verschiedenen Gegenständen darauf – großes Brett mit Materialien
2. Gehen auf der Bank
3. Gehen von einer Bank zur anderen (Zwischenraum 5, 10, 15, 30 cm)
4. Auf einem Seil (5 m) entlanggehen können.

III. Übungen zur Körperwahrnehmung, taktil-kinästhetische und propriozeptive Stimulation:
1. Auf Spastikerball in Bauchlage liegen können
2. Auf Spastikerball in Rückenlage liegen können
3. Auf einer Decke auf Holzfußboden auf dem Bauch liegen können
4. Desgl. auf dem Rücken
5. Aus der Rückenlage auf den Bauch gerollt werden (seitliches Hochziehen der Decke)
6. Auf dem Rücken liegend (Beine hoch) einen Ball mit den Füßen wegtreten (am besten Spastikerball)
7. Sandwich aus 2 Matratzen

IV. Übungen zur Erhöhung des Muskeltonus und der Ausdauer:
1. Schnell rennen (3-6 mal durch den Raum)
2. Erklimmen der Sprossenwand (Becher mit Kaba von oben holen)
3. Kniebeugen machen können

V. Übungen zur Überkreuzung der Körpermittellinie:
1. Bauklötze in eine Schachtel legen (Oberkörper darf sich nicht mitdrehen)
2. Malen an der Wandtafel (Nachzeichnen eines vorgegebenen Musters)

Programm zur sensorischen Integrationsbehandlung (ab Nov. 1985)
Kind: Susanna

Vorbemerkungen:
Bei den Übungen wird in den Anforderungen insgesamt zurückgegangen,
da sich herausgestellt hat, daß Susanna zu einigen Übungen noch wichtige
Voraussetzungen fehlen. Wichtigstes Ziel ist die Bereitschaft zu *eigenem
Handeln* bzw. Steigerung der Grundaktivität Susannas.

I. Übungen zur Verbesserung des Gleichgewichts
  1. Auf kleiner Wippe stehen können (Hilfe beim Aufsteigen).
  2. Auf großem Schaukelbrett sitzen und vor allem *seitwärts* geschaukelt
     werden.
  3. Auf Spastikerball sitzen und zu den Seiten bewegt werden (Reflexe
     provozieren!).
II. Übungen zur Verbesserung der visuell-motorischen Koordination
  Zwei Stufen (Höhe von 5 und 10 cm) erklimmen und heruntersteigen,
  möglichst oft hintereinander üben. Wenn sie Wechselschritt benutzt bzw.
  große Sicherheit hat, wird nächsthöhere Stufe (15 cm) hinzugenommen.
*III. Übungen zur Körperwahrnehmung, taktil-kinästhetische und
  propriozeptive Stimulation*
  1. Auf Spastikerball in Bauchlage liegen, dabei vor allem Bewegungen
     zu den Seiten, möglichst ausgestreckte Beine.
  2. Auf einer Decke auf dem Holzfußboden auf dem Bauch und Rücken
     liegen.
  3. Für die Tiefenwahrnehmung von Muskeln und Gelenken gegen die
     gestreckten Arme und Beine drücken, die Füße dabei evtl. hin- und
     herbewegen.
  4. Auf dem Rücken liegend (Beine hoch) einen größeren Ball
     wegtreten.
IV. Übungen zur Erhöhung des Muskeltonus und der Ausdauer
  1. Schnellgehen (Anfang der Stunde) ohne Zerren
  2. Auf unterste Stufe der Sprossenwand steigen
V. Übungen zur Überkreuzung der Körpermittellinie
  Mit verschiedenen Materialien am Tisch

Sonderprogramm Sensorische Integration I
Sebastian / April – Juli 1985

I. Taktil-kinästhestischer Bereich
1) Beine abreiben mit verschiedenen Gegenständen und Materialien
   a) Bürsten
   b) Tüchern
   c) Schwämmen
2) Beine massieren
   a) mit den Händen beklatschen
   b) mit den Händen kneten
   c) mit den Handkanten schlagen
   d) mit den Fingerspitzen kräftig entlangstreifen
3) Drücken der einzelnen Zehen
   a) rechter Fuß
   b) linker Fuß

II. Haltung und Bewegung der Grobmotorik
1) Training der Vestibulärverarbeitung (ohne passiv bewegt werden)
   a) Kleine Wippe – im Stehen
   b) Schaukelbrett – im Stehen
                     – im Sitzen
                     – im Liegen
   c) Spastikerball – Bauchlage (ohne Abstützreaktionen zu
                       provozieren)
                     – im Sitzen
2) Training der Stütz- und Schutzreaktionen
   a) Schaukelbrett – im Sitzen bewegt werden (Abstützen und
                       Ausgleichen provozieren)
   b) Spastikerball – Bauchlage (Reaktionen nach vorn und seitwärts
                       provozieren)
                     – im Sitzen (Körperausgleich und Armhilfe
                       provozieren)

Sonderprogramm zur Sensorischen Integration II
Kind: Sebastian / Zeitraum: September–Dezember 1985
Therapeuten: Dzikowski/Arens

I. Taktil-kinästhetischer Bereich
1) Beine abreiben mit verschiedenen Materialien wie Schwämmen, Bürsten, Tüchern etc.
2) Beine und Füße mit Rasierschaum einreiben. Sebastian soll dabei den Schaum selbst verreiben und/oder mit einem Handtuch abreiben.
3) Beine und Füße mit den Händen kräftig massieren.
4) Spiele und für Sebastian angenehme Aktivitäten im Kugelbecken durchführen.

II. Verarbeitung von Vestibulärinformationen
1) Sebastian soll auf dem Arm des Therapeuten ohne Angst bewegt werden können.
2) Sebastian soll auf dem *Spastikerball* in Bauch- und Sitzlage
a) Bewegungen ertragen können,
b) richtige Abstütz- bzw. Ausgleichsbewegungen zeigen.
3) Desgl. auf dem großen *Schaukelbrett* im Sitzen (2a und 2b)

III. Haltung und Bewegung im grobmotorischen Bereich
1) Sebastian soll ohne Hilfe auf
a) kleiner Wippe
b) Therapiekreisel
c) großem Schaukelbrett
stehen können.
2) Sebastian soll ohne Hilfe auf einen Podest von ca. 5 cm (dann 10 cm, dann 15 cm, dann 20 cm, dann 25 cm, dann 30 cm) steigen können.
3) Sebastian soll ohne Hilfe von den Podesten heruntersteigen können.
4) Sebastian soll einen Parcours aus Bank–Matratze–Bank, Stuhl, Tisch–Stuhl–Matratze mit Hilfe laufen können.
5) Sebastian soll beim Räumen der Materialien behilflich sein (z.B. Stuhl/Matratze tragen)

7.

Aus: Diagnose? – Autismus! – Was tun? Eine wichtige Informationsschrift des Bundesverbandes Hilfe für das autistische Kind e.V. 1985

ANSCHRIFTEN DER REGIONALVERBÄNDE

Der **Bundesverband** gliedert sich in folgende **20 Regionalverbände (RV)**, Stand 1985, nach Bundesländern geordnet:

Baden-Württemberg
1. Hilfe für das autistische Kind, **RV Heidelberg e.V.**
   Vorsitzende: Ute Genser-Dittmann
   Handschuhsheimer Landstraße 90, 6900 Heidelberg, Telefon 06221/48 05 55
2. Verein zur Förderung von autistisch Behinderten e.V., **RV Stuttgart**
   Vorsitzende: Dr. Vera Antons
   Sonnenbühl 18c, 7000 Stuttgart 70, Telefon 0711/76 64 01

Bayern
Hilfe für das autistische Kind, **RV München e.V.**
Vorsitzender: Peter-M. Kusmierz
Feldmochinger Str- 33, 8000 München 50, Telefon 089/14 57 32

Berlin
Hilfe für das autistische Kind, **RV Berlin e.V.**
Vorsitzende: Anne Sellin
Geschäftsstelle: Güntzelstr. 17/18, 1000 Berlin 31, Telefon 030/8 61 90 31

Bremen
Hilfe für das autistische Kind, **RV Bremen e.V.**
Vorsitzender: Hermann Cordes
Bütower Str. 19, 2820 Bremen 77, Telefon 0421/63 16 87

Hamburg
Verein zur Förderung autistischer Kinder e.V., **RV Hamburg**
Vorsitzende: Ursula Busch
Geschäftsstelle: Bebelallee 141, 2000 Hamburg 60, Telefon 040/5 11 68 25

Hessen
1. Hilfe für das autistische Kind, **RV Kassel e.V.**
   Vorsitzender: Walter Wagner
   Am Mühlenberg 32, 3436 Hessisch-Lichtenau, Telefon 05602/8 34 86
2. Hilfe für das autistische Kind, **RV Rhein-Main e.V.**
   Vorsitzender: Ernst Gebhard
   Geschäftsstelle: Alt-Rödelheim 13, 6000 Frankfurt/M. 90, Tel. 069/7 89 46 61

Niedersachsen
1. Verein zur Förderung autistischer Kinder e.V., **RV Hannover**
   Geschäftsstelle: Bemeroder Str. 8, 3000 Hannover, Telefon 0511/52 07 01
2. Hilfe für das autistische Kind, **RV Göttingen e.V.**
   Vorsitzende: Monika Hartmann
   Mackenröder Str. 2, 3401 Waake, Telefon 05507/71 72
3. Hilfe für das autistische Kind, **RV Weser-Ems e.V.**
   Vorsitzender: Franz Denker
   Akeleiweg 20, 4470 Meppen, Telefon 05931/1 36 60

Nordrhein-Westfalen
1. Hilfe für das autistische Kind, **RV Düsseldorf Bergischer Kreis e.V.**
   Geschäftsstelle: zu Hd. Alfons Hertel
   Theodor-Storm-Str. 10, 4000 Düsseldorf 30, Telefon 0211/43 34 46
2. Hilfe für das autistische Kind, **RV Kempen, Krefeld** (linker Niederrhein) e.V.
   Vorsitzende: Angelika Bürkert
   Kurfürstenstr. 10, 4152 Kempen, Telefon 02152/51 03 89
3. Hilfe für das autistische Kind, **RV Westliches Ruhrgebiet e.V.**
   Geschäftsstelle: Förenkamp 27, 4250 Bottrop, Telefon 02041/3 23 53
4. Hilfe für das autistische Kind, **RV Mülheim a.d. Ruhr-Duisburg e.V.**
   Vorsitzender: Peter Neu
   Geschäftsstelle: Mellinghofer Str. 328, 4330 Mülheim a.d. Ruhr,
   Telefon 0208/75 55 33
5. Hilfe für das autistische Kind, **RV Münster und Münsterland e.V.**
   Vorsitzender: Josef Heitmann
   Agnes-Miegel-Str. 9, 4401 Saerbeck, Telefon 02574/666
6. Hilfe für das autistische Kind, **RV Dortmund und Umgebung e.V.**
   Vorsitzender: Eckard Wünsch
   Provinzialstr. 341a, 4600 Dortmund 72, Telefon 0231/63 62 82
7. Hilfe für das autistische Kind, **RV Ostwestfalen-Lippe e.V.**
   Vorsitzende: Lieselotte Knoerich
   Flensburger Str. 3, 4930 Detmold, Telefon 05231/5 81 69
8. Hilfe für das autistische Kind, **RV Köln/Bonn**
   Vorsitzende: Helga Kaufhold
   Hofrichterstr. 3, 5000 Köln 80, Telefon 0221/63 72 27

Saarland
Hilfe für das autistische Kind, **RV Saar e.V.**
Vorsitzende: Irene Thimmel
Deutscher Weg 26, 6630 Saarlouis, Telefon 06831/4 33 36

Schleswig-Holstein
Hilfe für das autistische Kind, **RV Schleswig-Holstein e.V.**
Vorsitzende. Rita Forbrig
Großflecken 9, 2350 Neumünster, Telefon 04321/4 63 44

8.

Aus: Diagnose? – Autismus! – Was tun? Eine wichtige Informationsschrift des Bundesverbandes Hilfe für das autistische Kind e.v. 1985

THERAPEUTISCHE EINRICHTUNGEN

Therapeutische Einrichtungen und schulische Maßnahmen, die von Regionalverbänden des Bundesverbandes getragen werden oder initiiert wurden.

Berlin
Hilfe für das autistische Kind, RV Berlin e.V.
6 verschiedene Projekte. Auskunft über die Geschäftsstelle: Güntzelstr. 17/18, 1000 Berlin 31, Telefon 030/8 61 90 31

Bremen
Ambulanz des Bremer Projekts
Feuerkuhle 61, 2800 Bremen, Telefon 0421/4 41 588

Hamburg
Institut für Therapie autistischer Verhaltensstörungen (Ambulanz)
Bebelallee 141, 2000 Hamburg 60, Telefon 040/5 11 68 25

NIEDERSACHSEN:

Hannover
Therapiezentrum für autistische Kinder (Tagesstätte, 5-Tage-Internat und Ambulanz)
Bemeroder Str. 8, 3000 Hannover, Telefon 0511/52 07 01

Meppen
Therapiezentrum für autistische Kinder und Jugendliche (Ambulanz)
Exter Düne 14, 4470 Meppen, Telefon 05931/1 74 50

Osnabrück
Therapiezentrum für autistische Kinder und Jugendliche (Ambulanz)
Buersche Str. 15/I, 4500 Osnabrück, Telefon 0541/2 98 89

NORDRHEIN-WESTFALEN:

Bottrop
Ambulanz und Beratungsstelle für autistische Kinder, Jugendliche und deren Eltern
Förenkamp 27, 4250 Bottrop, Telefon 02041/3 23 53

Mülheim
Therapeutische Ambulanz
Mellinghofer Str. 328, 4330 Mülheim a.d. Ruhr, Telefon 0208/75 55 33

Bielefeld
Ambulanz, therapeutische Betreuung autistisch Behinderter
Teutoburger Str. 106, 4800 Bielefeld 1, Telefon 0521/6 88 00

Dortmund
Therapie für autistische Kinder
Auskunft: Hilfe für das autistische Kind. RV-Dortmund und Umgebung e.V.
Provinzialstr. 341a, 4600 Dortmund 72, Telefon 0231/63 62 82

Hilden
Therapiezentrum »Hilfe für das autistische Kind« e.V.
Schalbruch 33, 4010 Hilden, Telefon 02103/4 04 44 oder 02122/7 68 61

HESSEN:

Frankfurt
Autismus-Therapie-Institut (Ambulanz) Förderung von Kindern, Jugendlichen
und Erwachsenen, Beratung der Familien
Weserstr. 11 (Alpha-Haus) 6070 Langen, Telefon 06103/2 44 66
Zweigstelle: Alexanderstr. 37, 6000 Frankfurt-Rödelsheim

Kassel
Therapie-Institut für autistische Kinder
Herkulesstr. 111, 3500 Kassel-Wilh., Telefon 0561/30 80-114

SCHLESWIG-HOLSTEIN:

Kiel
Ambulanz zur heilpädagogischen Förderung autistischer Kinder
Bahnhofstr. 20, 2300 Kiel, Telefon (nur dienstags von 9–12 Uhr) 0431/7 47 45

**Hinweise zu therapeutischen Einrichtungen, die unserem Verband nicht ange-
schlossen sind,** erhalten Sie auf Anfrage bei der Geschäftsstelle des Bundesverbandes.

9.

BEOBACHTUNGSBOGEN ZUR SENSORISCHEN INTEGRATION

Kind: Alter des Kindes:

Beobachter: Datum:

1. GROBMOTORIK (Haltung und Bewegung)

⇒ Wirkt das Kind bei grobmotorischen
Bewegungen unsicher?
z.b. beim Laufen über
      − Teppich
      − Matratze
      − Glatte Flächen
      − etc.

⇒ Braucht es Hilfen? z.B. bei
      − Stehen/Sitzen auf der
        Wippe oder Schaukelbrett
      − Therapiekreisel
      − Sprossenwand
      − Bänke
      − beim Hüpfen
      − schnell Rennen
      − Krabbeln durch rote Röhre
      − Fangen und Tragen von
        Gymnastikball

⇒ Zeigt das Kind viel oder wenig grobmotorische Bewegung?

⇒ Wie ist der Muskeltonus?

⇒ Ist das Kind eher hyper- oder hypo-
motorisch?

⇒ Wirkt das Kind
      − schnell erschöpft?
      − bewegungsfreudig?

⇒ Hinweis: Dieser Fragebogen soll als Hilfestellung bei der klinischen Beobachtung
⇒ dienen. Wichtig sind daher vor allem qualitative − weniger quantitative − Daten.
⇒ Die Leistungen des Kindes sind immer in Vergleich zu gleichaltrigen, nicht
⇒ behinderten Kindern zu setzen.

148

⇒ Wie wirken die Bewegungen?
   - angemessen dosiert
   - heftig, überschießend
   - ungeschickt, tolpatschig
   - elegant, graziös
   - langsam
   - ....

⇒ Gibt es Auffälligkeiten bei der Überkreuzung der Körpermittellinie?

⇒ Welche Stimmung gibt das Kind bei
   grobmotorischen Übungen wieder?

2. HAND- UND FEINMOTORIK

⇒ Bewegungsausmaß:
   - sind die Hände beweglich?
   - können alle Finger bewegt
     werden?
   - gibt es Daumenopposition?

⇒ Greifen und Loslassen:
   - Greifen zielgerichtet und
     korrekt, z.B. Becher/Tasse
     ergreifen
   - Ist die Kraft richtig dosiert?
   - richtiges Abstoppen
   - richtiges Tempo
   - Passen sich die Hände
     dem Untergrund/Gegenstand
     an?

⇒ Wie ist die Koordination?
   - Hand-Hand
     (z.B. Flasche öffnen)
   - Hand-Auge
     (z.B. Eierlaufen)

⇒ Ist die Händigkeit dominant ausgebildet?

⇒ Graphomotorik:
   - Hält das Kind einen Stift?
   - Strichführung? z.B. bei
     - geraden Linien
     - Kreisen
   - Imitation von Figuren?
     Welche?

149

3. WAHRNEHMUNG

a.) Gleichgewichtssinn

⇒ Wie reagiert das Kind beim
- Schaukeln
- »Flugzeug spielen«
- Hochheben
- Schubsen
- Rollbrett fahren
- ....

⇒ Gibt es eine bestimmte Richtungsempfindlichkeit?
- rechts - links
- vorn - hinten
- hoch - runter
- Drehbewegung

⇒ Hält das Kind den Kopf immer richtig?
- beim Schaukeln
- beim Laufen
- bei ....

⇒ Wie reagiert das Kind bei Gleich-
gewichtsveränderungen?
- Es stützt sich ab.
- Es fällt um. Wohin?
- Es gleicht Bewegungen
aus.
- Es verlagert das Gewicht.
- Es reagiert gar nicht/es
fällt einfach.
- ....

B. Hautempfindlichkeit

⇒ Wie reagiert das Kind bei Berührtwerden
mit folgenden Materialien?
- Bürsten
- Stofftier
- Metall
- Eis
- Wärmflasche
- Feder
- Hand des Therapeuten
- Hand der Mutter
Verschiedene Körperzonen
probieren!

150

⇒ Wie ist die Hautbeschaffenheit?
(glatt, rauh, spröde, weich ...?)

⇒ Wie ist die Schmerzempfindlichkeit?

⇒ Rötet sich die Haut nach Berührung?
Wie sieht sie aus?

⇒ Hat das Kind Allergien? Ist es
empfindlich gegenüber bestimmten
Kleidungsstücken?

C.) Tiefenempfindung

⇒ Erscheinen die Bewegungen
gut geplant und zielgerichtet?
Sind sie altersentsprechend geschickt/
der Sache angepaßt? (z.B. entsprechend
der Größe und Schwere eines Balles)

⇒ Kann das Kind Bewegungen imitieren?
  − innerhalb des Gesichts-
    feldes? (visuell)
  − außerhalb des Gesichts-
    feldes? (visuell)
  − mit geschlossenen Augen?
    (z.B. Therapeut bewegt
    Arm/Hand des Kindes, Kind
    imitiert Bewegung)

⇒ Kann das Kind Gegenstände ohne
Sichtkontakt durch Tasten erkennen?
(z.B. Grabbelsack/Sichtblende)

⇒ Wie reagiert das Kind auf »Tief-Druck«?
  − Massage
  − kräftiges Anfassen
  − ziehen an Armen und Beinen
  − beklopfen
  − ....

D.) Hören − Sehen − Riechen

⇒ Wie gut hört das Kind?

⇒ Wie ist das Sprachverständnis?

⇒ Reagiert es auf alle Geräusche?

⇒ Wie ist der Blickkontakt?

⇒ Wie sind die Augenbewegungen?

⇒ Kann das Kind Gegenstände mit den
Augen verfolgen?
    – von rechts nach links
    – von oben nach unten
    – von schräg nach schräg

⇒ Hat das Kind einen postrotatorischen
Nystagmus?
    – wie lange?
    – bei wieviel Umdrehungen?

⇒ Schnuppert das Kind gerne an
bestimmten Sachen?

⇒ Liebt es stark riechende Flüssigkeiten?
    – Spiritus
    – Nagellackentferner
    – Pfefferminzöl
    – Parfüme
    – ....
    – ....

4. VERHALTEN

⇒ Hinweis: Die folgenden Fragen sind nur
als Anregungen gedacht. Notieren Sie
weitere, eigene Beobachtungen.
Beantwortungen Sie alle Fragen nach
Ihrem persönlichen Empfinden. Schreiben
Sie möglichst viele Beispiele auf.
Vergleichen Sie immer mit gleichaltrigen,
nichtbehinderten Kindern.

⇒ Kontaktverhalten: Das Kind ist
    – ängstlich
    – zurückgezogen
    – aufgeschlossen
    – vorlaut
    – ....

⇒ Selbständigkeit: Das Kind kann
    – sich aus/anziehen
    – sauber/trocken bleiben
    – Nahrung zubereiten
    – ....

152

⇒ Spontaneität: Das Kind greift Übungen auf, verändert diese, denkt sich Spiele aus, holt Materialien heran, äußert Wünsche ...

⇒ Ist das Kind bei der Arbeit
- sehr konzentriert
- aufmerksam
- bemüht
- ablenkbar (durch was?)
- stereotyp
- schnell ermüdet
- ausdauernd
- unkonzentriert

⇒ Arbeitet das Kind bei den Tests/Übungen gerne mit? Ist es kooperativ?

⇒ Wie ist seine Stimmung?

⇒ Wie würden Sie das Wesen des Kindes beschreiben?

⇒ Wie sind Sprache und Sprachverständnis?

⇒ Hat das Kind körperliche Beeinträchtigungen? (z.B. spastisch, blind ...)

⇒ Ist das Kind geistig behindert, autistisch, Down-Syndrom ...?

⇒ Weitere Beobachtungen

10.

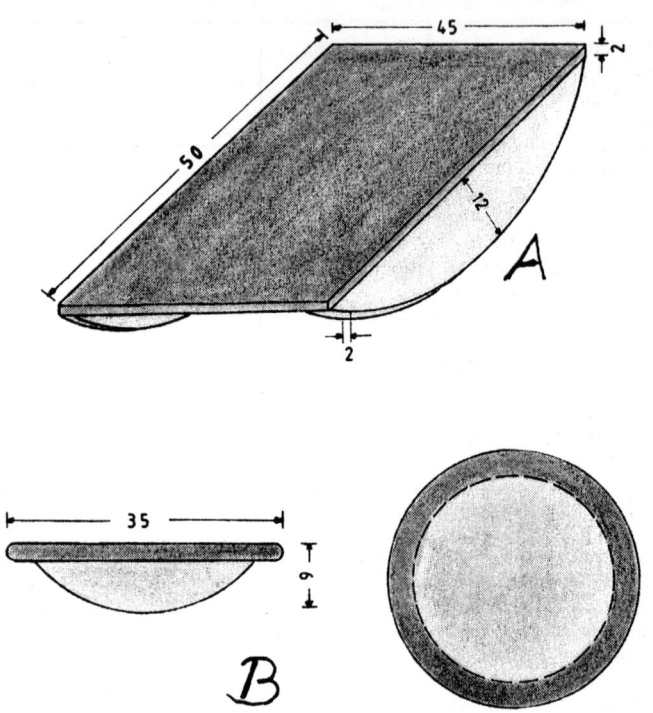

A

B

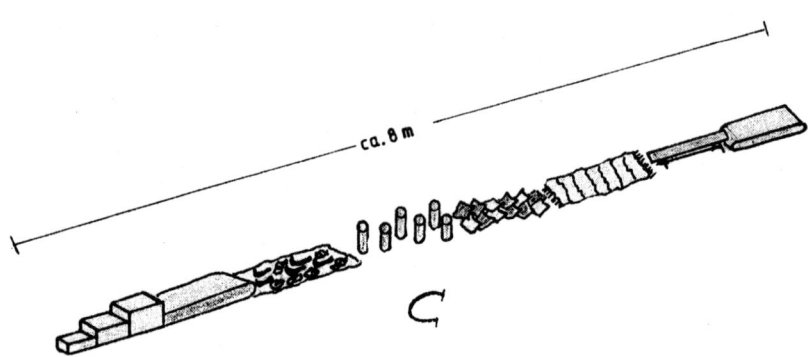

ca. 8 m

C

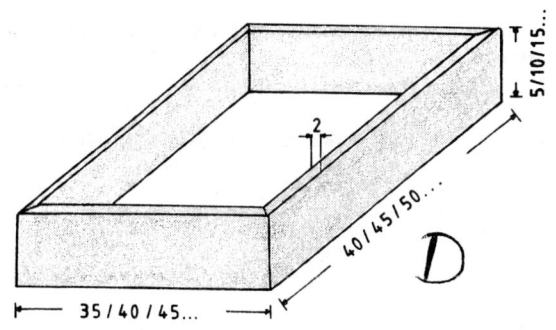

D

5/10/15...

2

40/45/50...

35/40/45...

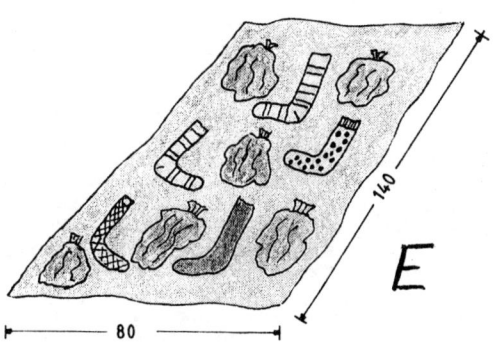

E

140

80

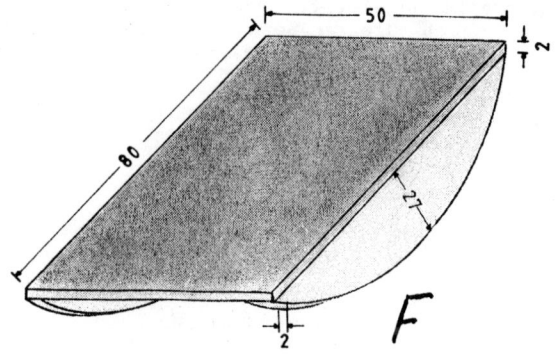

F

50

2

80

27

2

155

Erklärungen zu den Zeichnungen auf den beiden vorhergehenden Seiten.

A **Die kleine Vippe:** Maße wie angegeben; Material beliebig (am besten Holz); oben mit Teppich beklebt; Herstellungskosten bei Eigenanfertigung ca. 20,- DM.

B **Der Therapiekreisel:** Maße wie angegeben; Material Plastik; ist schwierig, selbst herzustellen; besser im Fachhandel erwerben; Preis ca. 35,- DM.

C **Der Parcours:** Der Parcours setzt sich aus verschiedenen Elementen zusammen. Bei unserem Beispiel (von links nach rechts): 3 Kästen (5 cm, 10 cm, 15 cm) - Matratze - Knubbeldecke - aufgestellte Pappröhren - kleine Kissen - Wolldecke - kleine Bank (Länge ca. 120 cm, Breite ca. 30 cm, Höhe ca. 30 cm) - Matratze. Die einzelnen Elemente des Parcours sind nicht festgelegt, sie können variiert werden.

D **Kästen:** (siehe Beginn des Parcours): Wir haben drei Kästen mit den jeweils angegebenen Maßen gebaut. Sie sind so konstruiert, daß sie ineinanderzustapeln sind, aber auch aufeinander. Man kann sie als Treppe legen, oder umgedreht hintereinander (und dann z. B. mit verschiedenen Materialien (Murmeln, Bohnen, Korken etc.) füllen. Herstellungspreis bei Eigenanfertigung: pro Kasten je nach Material 5,- - 15,- DM.

E **Die Knubbeldecke:** Maße wie angegeben; auf Sackleinen haben wir Socken, Strümpfe und kleine Säckchen genäht, die mit unterschiedlichen Materialien gefüllt sind: Steine, Korken, Bohnen, Kastanien, Sand, Glöckchen, Plastiktüten, Knisterpapier etc.

F **Das große Schaukelbrett:** Maße wie angegeben; Prinzip wie bei A; durch die größere Höhe ergibt sich aber ein völlig anderes "Schaukelgefühl"; Herstellungspreis bei Eigenanfertigung ca. 30,- bis 50,- DM.